MARTIN TREU

W0066643

KATHARINA VON BORA

BIOGRAPHIEN ZUR REFORMATION

DREI KASTANIEN VERLAG

Zum Titelbild
Katharina von Bora (1499–1552)
Lucas Cranach d. Ä. (Werkstatt), 1528
Öl auf Holz, 36 x 26 cm
Lutherhalle Wittenberg

ISBN 3-9804492-1-1

Bildreproduktionen nach Originalen
in der Lutherhalle Wittenberg: Wilfried Kirsch
Herstellung: Elbe-Druckerei Wittenberg GmbH
Printed in Germany

Sep. 2022

Inhalt

Meiner Mutter, Dr. Ursula Treu,
zum 70. Geburtstag

Der dunkle Spiegel

Es ist unmöglich, eine Biographie der Katharina Luther, geborene von Bora, zu schreiben. Die dürftige und oft genug bruchstückhafte Lage der Überlieferung läßt nur eine biographische Skizze, ein Lebensbild, oder wie immer man es umschreiben mag, zu. Die Lücken in den Quellen allerdings haben bis in die jüngste Vergangenheit Autoren und Autorinnen gereizt, sie mit ihrer eigenen Phantasie auszufüllen. Herausgekommen ist dabei oft genug ein Bild, das mehr über den Verfasser und seine Zeit aussagt als über die Person und den Lebensweg der Katharina von Bora.

Vergleicht man jedoch die Nachrichten, die uns über andere Frauen der Reformationsepoche zur Verfügung stehen, so ist ihr Umfang wiederum gewaltig. Dies gründet sich einerseits auf die weiträumige Überlieferung zu Luthers Leben, wobei besonders die Briefe und Tischreden Beachtung verdienen, andererseits vermochte Katharina von Bora an der Seite ihres Gatten durchaus einen eigenständigen Eindruck zu vermitteln. Den besten Beweis dafür liefert Lucas Cranach, aus dessen Werkstatt mehrere Porträts der Katharina stammen. Eine solche Ehre ist außer ihr keiner der Ehefrauen der Reformatoren zuteil geworden. Weder von Katharina Melanchthon noch von Walburga Bugenhagen gibt es ein Bild.

Allerdings bleibt jeder, der Katharinas Lebensweg beschreiben will, auf Luthers Äußerungen angewiesen. Sie selbst kommt in den Tischreden nur marginal zu Wort, nur wenige Briefe von ihr sind erhalten. Insofern dürfte eine gewisse Vorsicht den Quellen gegenüber angemessen sein, sehen wir doch Katharina meist nur mit Luthers Augen oder denen seiner Freunde. Was sie selber gedacht und gesagt hat, bleibt oft verborgen. Auf ein zweites mögliches Mißverständnis gilt es hinzuweisen. Zweifellos befand sich die Ehefrau Luthers in einer außergewöhnlichen Position. Das Interesse der Öffentlichkeit richtete sich auf sie in dem Maße, wie Luther in Deutschland und Europa bekannt und berühmt wurde. Gerade deshalb wird man ihren Lebenslauf nur mit großer Behutsamkeit als typisch für ein Frauenschicksal am Beginn des 16. Jahrhunderts verstehen dürfen. Die Metapher vom „dunklen Spiegel", der ein Bild nur in Umrissen erahnen läßt und gleichzeitig immer die Gefahr mit sich bringt, daß er die Konturen der Gegenwart reflektiert, dürfte eine Hilfe sein, sich daran zu erinnern, daß wir nicht wirklich wissen können, wie es war.

Diese Schwierigkeit zeigt sich besonders drastisch für den ersten Lebensabschnitt der Katharina von Bora. Fast die Hälfte ihres Lebens verbrachte sie im Kloster, wenig genug wissen wir davon. Die Jahre der Kindheit und Jugend, die einer Persönlichkeit den Stempel aufdrücken, wie wir heute meinen, sind uns so gut wie für niemanden im frühen 16. Jahrhundert zugänglich. Ähnliches trifft durchaus für Luther selber zu.

Katharina von Bora wurde am 29. Januar 1499, einem Dienstag, geboren. Das Jahr überliefert ein Brief des Erasmus von Rotterdam, der einem Freund im Juni 1525 mitteilt, Luther habe eine sehr schöne, aber völlig mittellose Nonne geheiratet, die jetzt 26 Jahre alt sei. Das genaue Datum geht auf eine heute nicht mehr aufzufindende Silbermedaille zurück, die Johann Andreas Glück 1733 vorlag. Angeblich soll sie Katharina als ein Geschenk Luthers um den Hals getragen haben. Der Vater hieß Hans von Bora, die Mutter, nach der Katharina benannt wurde, war eine geborene von Haubitz oder Haugwitz. Beide Geschlechter waren in vielen Zweigen im mitteldeutschen Raum weit verbreitet, so daß der Geburtsort der Katharina, aus dem dann die Zugehörigkeit zu einer bestimmten Linie der von Boras hervorgeht, nur erschlossen werden kann. Sie kam wohl im Gut Lippendorf südlich von Leipzig zur Welt.

Die materiellen Verhältnisse des Hans von Bora waren bescheiden. Das Lippendorfer Vorwerk umfaßte 6 1/2 Hufen Land, vier Pferde, 18 Kühe und hundert Schafe. 1482 wurde Hans von Bora

Lucas Cranach d. Ä., Bildnis eines jungen Mädchens, Öl auf Holz, um 1520.
So ähnlich könnte die junge Katharina von Bora ausgesehen haben.

mit dem fünf Hufen umfassenden Gut von der Sale belehnt, das er mit Zustimmung seiner Lehnsherren, der sächsischen Fürsten Ernst und Albrecht, umgehend seiner Gemahlin zum Leibgedinge verschrieb. Dies ist der Fachausdruck für die materielle Sicherstellung der Ehefrau, da diese nach dem sächsischen Erbrecht keinen Anspruch auf Grund und Boden im Erbgang hatte, aber mit dem Leibgedinge wenigstens eine feste Nutzungsberechtigung bekam.

Das Rittergut von der Sale bei Schkortleben nördlich von Weißenfels sollte später zu trauriger Berühmtheit gelangen. 1540 heiratete Landgraf Philipp von Hessen, einer der wichtigsten Stützen des Protestantismus im Reich, ein junges Edelfräulein, Margarethe von der Sale, heimlich auf Luthers Rat hin. Da der Landgraf bereits vermählt war und auf Bigamie die Todesstrafe stand, kam es zu einer ernsten Krise für die Evangelischen, als die Angelegenheit ruchbar wurde. Trotzdem ließ Philipp von Hessen wegen des Gutes von der Sale am 5. April 1540 seinen „Schwager" Luther grüßen.

Die materielle Bedrängnis des Hans von Bora vergrößerte sich noch durch seine Kinderschar. Nachzuweisen sind mindestens drei Brüder und wahrscheinlich eine Schwester, Maria genannt, die nach einer jüngeren Überlieferung um 1525 einen Wolf Siegmund von Niemeck heiratete. Sicherlich hieß der älteste Sohn wie der Vater, ebenfalls Hans. Luther verwandte sich später für ihn beim Herzog Albrecht von Preußen wie auch für einen zweiten Bruder, Clemens, der 1549 mit dem Gut Dohna belehnt wurde und erst nach 1573 starb. Dazwischen dürfte es einen dritten Bruder gegeben haben, dessen Name zwar nicht überliefert ist, der aber 1542 unter Hinterlassung seiner Witwe Christina und eines Sohnes, Fabian, verschied. Luther nahm diesen Sohn in sein Haus auf, mußte aber böse Erfahrungen mit ihm machen.

Katharinas Mutter starb vor 1505, da ihr Vater in diesem Jahre eine zweite Ehe mit einer Margarethe einging. Aus einer kleinen späteren Notiz entnehmen wir, daß sich Katharina zu dieser Zeit schon im Benediktinerkloster Brehna aufhielt. Offensichtlich sah sich der verwitwete Vater nicht in der Lage, das kleine Mädchen im eigenen Hause aufzuziehen. Zwar liegt der Zeitpunkt verhältnismäßig früh, aber die Erziehung jugendlicher Adliger außerhalb des eigenen Heimes ist durchaus nicht ungewöhnlich. Alle in der Literatur vorgetragenen Erzählungen über eine böse Stiefmutter sind reine Spekulation. Sicher ist nur, daß der wirtschaftliche

Niedergang der Familie weiter voranschritt. Um 1520 mußten die beiden Familiengüter verkauft werden; aus den Resten des Familienvermögens erstand Hans von Bora das nur 3 4/5 Hufen große Gut Zulsdorf bei Wiederitzsch nahe Leipzig, das Anfang der dreißiger Jahre von den Söhnen übernommen wurde, die es aber auch nicht halten konnten. Wie ihr weiterer Lebensweg zeigt, hat zumindest der wirtschaftliche Zusammenbruch ihrer Familie Katharina so tief beeindruckt, daß sie später, als sie die materiellen Möglichkeiten besaß, alles daransetzte, so viel Grundbesitz wie irgend erschwinglich zusammenzukaufen, auch wenn die Bewirtschaftung erhebliche Probleme aufwarf.

1508/09 jedenfalls brachte Hans von Bora seine Tochter im Kloster Marienthron in Nimbschen unter, nun nicht mehr als Pensionärin, sondern vorbestimmt für den geistlichen Stand. Auch über den Klosteraufenthalt der Katharina finden sich ebenso hartnäckige wie unbegründete Gerüchte. Äbtissin war Margarethe von Haubitz, möglicherweise eine leibliche Tante Katharinas von der mütterlichen Seite. Sicher eine Schwester ihres Vaters war Magdalena von Bora, die vielgeliebte Muhme Lene. Das zehnjährige Mädchen befand sich also praktisch bei seiner Verwandtschaft. Die Schulausbildung in Lesen, Schreiben, Singen und den Anfangsgründen

Reste des Klosters Marienthron in Nimbschen

Franz Brun, Zwei Nonnen, Kupferstich, 2. Hälfte des 16. Jahrhunderts. Die Abbildung trägt karikierende Züge, trotzdem ist die Ordenstracht deutlich zu erkennen.

des Lateins stellte durchaus ein Privileg für Mädchen am Anfang des 16. Jahrhunderts dar. Die klösterlichen Ordnungen, soweit sie überhaupt für die Schülerinnen galten, dürften eher das Gefühl des Behütetseins vermittelt haben.

Der Grat zwischen verarmtem Adel und dem Dasein der Bauern war schmal. Beide blieben auf die Erträge der Landwirtschaft angewiesen, was harte körperliche Arbeit und bescheidene Ernährung mit sich brachte. Für Hans von Boras Söhne läßt sich ein Schulbesuch nicht nachweisen.

Ein Blick auf die Namensliste der 43 Nonnen in Nimbschen lehrt, daß die weiblichen Nachkommen des sächsischen Adels dort unter sich waren. Das Rechnungsbuch von 1509/10 verzeichnet Katharina als Vorletzte in der Reihe der Aufnahmen. Nach ihr kam nur noch Ave (Eva) von Schönfeld und 1513/14 deren Schwester Margaretha. Schwere körperliche Arbeit wurde den Nonnen und ihren Schülerinnen nicht abverlangt. Zwar sah die Regel des heiligen Bernhard von Clairveaux neben dem Gebet auch die Handarbeit vor, die dürfte sich jedoch auf leichte Gartenarbeit sowie Sticken beschränkt haben. Die neun adligen Schülerinnen der Klosterschule befanden sich also durchaus in einer günstigen Lage.

Marienthron, eine Gründung Heinrich des Erlauchten, ursprünglich in Torgau und 1258 nach Nimbschen verlegt, war reich. Umfänglicher Grundbesitz lag vor allem in den Vorwerken von Groß- und Kleinbothen, wo allein 1800 Schafe standen. Das Kloster selbst hielt 57 Stück Rindvieh, 30 Pferde, darunter 17 für die Feldarbeit, acht Fohlen, einen Deckhengst und als besonderen Luxus 4 Kutschpferde. Hinzu kamen 674 Schafe und etwa 80 Schweine. Auf den Klosterfeldern wurden Weizen, Roggen, Gerste, Hafer, Erbsen und Rüben angebaut. Hanf und Flachs dienten der Herstellung grober Tuche. Hopfen benötigte man zum Bierbrauen. Ohne die Fronarbeit der umliegenden Dörfer waren die Arbeiten nicht zu bewältigen. Die Bauern hatten Verpflichtungen beim Ackern, bei der Schafschur, beim Eisfreihalten der Bäche und vielem anderen, was nicht gerade mit Freude aufgenommen wurde. Einzig die Dienste bei den großen Treibjagden in den klostereigenen Wäldern waren begehrt, erhielt man doch drei Groschen für ein erlegtes Wildschwein und zwei für ein Reh.

Zur Bewältigung der verschiedenen Arbeiten bezahlte das Kloster mehr als vierzig Angestellte. Kellermeister, Bäcker, Müller, Schmiede, Holzhacker, Hellenheißer (Ofenheizer) finden ebenso Erwähnung wie sechs Ackerknechte, zwei Fohlenhirten, Kuh- und Schweinehirt, Gänsehirt und Käse-

Hans Sebald Beham, Der verlorene Sohn als Schweinehirt, Kupferstich 1570. So ähnlich dürften auch die Schweine und ihr Hirt im Kloster Nimbschen ausgesehen haben.

mutter, Köchin mit zwei Mägden und die Mägde auf den Vorwerken. Die Klosterwirtschaft war weitgehend autark, das heißt auf Selbstversorgung mit den wichtigsten Lebensgütern ausgerichtet. Die Leitung lag nominell bei der Äbtissin, der eine Magd und zwei Knaben nur zu ihrer persönlichen Bedienung zur Verfügung standen. Die eigentliche Arbeit versahen die Verwalter, der Vogt und ein Schreiber. Für die Beziehungen nach außen sowie die täglichen Gottesdienste bestimmte man zwei Geistliche aus dem nahen Kloster Pforte, heute Schulpforta bei Naumburg, die einen Jahressold von 1 Schock, 17 Groschen erhielten.

Den Reichtum des Klosters mehrten die andächtigen Besucher, die auf Wallfahrten oder zur Kirchweih nach Nimbschen kamen. Denn die Klosterkirche erhielt zwölf reich geschmückte Altäre, in denen immerhin 367 Reliquien ruhten. Da gab es Teile von der Krippe Jesu und ihrem Stroh, einen Dorn von der Dornenkrone, Haare und ein Stück vom Schleier von der Jungfrau Maria und vieles andere mehr. Gläubige Verehrung der Reliquien und eine Spende für die Kirchenkasse erschienen vielen schlichten Gläubigen als sicherster Weg ins Himmelsreich, waren damit doch Ablässe für alle Sündenstrafen verbunden. Natürlich erlaubte die Ordensregel den Nonnen nicht, sich wahllos unter das Volk zu mischen, aber man wird doch sagen dürfen, daß Katharina zum einen die betriebswirtschaftlichen Abläufe in einer hochkomplexen Landwirtschaft kennengelernt hat, zum anderen auch die bunte und verführerische Religiosität der einfachen Leute der Zeit. Zum frühstmöglichen Zeitpunkt, 1514, begann Katharina ihr einjähriges Noviziat. Da nach den Anschauungen der Zeit das dreiteilige Gelübde von Armut, Keuschheit und Gehorsam als absolut bindend und verpflichtend angesehen wurde, verlangte die Ordensregel diese Prüfungszeit, damit sowohl das Kloster wie die Novizin sichergehen konnte, den richtigen Entschluß zu fassen. Schließlich wurde der Klostereintritt als eine Heirat mit Christus verstanden, die nur der Tod auflösen konnte. Allerdings klaffte hier zwischen Theorie und Praxis ein Abgrund, da Katharina wohl keine Möglichkeit hatte, die Ablegung der Gelübde zu verweigern. Eine Rückkehr nach Lippendorf war ausgeschlossen. Jedoch finden sich bei ihr auch im Rückblick keine Hinweise, daß es besonderen Zwanges bedurft hätte. Vielmehr scheint sie in aller Selbstverständlichkeit die Konsequenz aus ihrem bisherigen Leben gezogen zu haben, als sie am 8. Oktober 1515 feierlich allen Freuden dieser Welt abschwor und dafür persönliche Besitzlosigkeit, Keuschheit und Gehorsam ihren Oberen gegenüber gelobte. Zum Zeichen ihrer Ehe mit Christus empfing sie einen Ring. Man bekleidete sie mit der weißen Kutte der Zisterzienserinnen. Das kurzgeschorene Haar trug sie nun unter einem schwarzen Schleier. Zur Feier der Einsegnung übersandte Hans von Bora 30 Groschen.

Der Regel nach war das Leben der Nonnen streng geordnet. Vor Sonnenaufgang begann der erste Gottesdienst, nach Mitternacht endete der letzte, dazwischen lagen vier weitere. Gegessen wurde nur zweimal am Tage. Mittwochs und freitags wurde ebenso gefastet wie in der Passions- und Adventzeit. Im Chor der Kirche, im Eßsaal und in den Schlafzellen mußte strenges Stillschweigen herrschen. Verständigung war nur mittels einer speziellen Fingersprache möglich. Lautes Lachen war ganz verboten. In der Theorie sollte der Tagesablauf bis in die kleinsten Details geregelt sein. Bei Tisch wurde aus einem erbaulichen Buch vorgelesen, um jede Versuchung zu einer Unterhaltung zu unterbinden. Der Becher mußte mit beiden Händen umfaßt werden, damit man langsam trank.

In der Wirklichkeit sahen die Dinge freundlicher aus. Zur Erleichterung des Tagesablaufes gab es einen allgemeinen Mittagsschlaf. Die Fastenzeiten boten über Wasser und Brot weit hinausgehend Gelegenheit, raffinierte Fischgerichte, darunter den beliebten Biberschwanz, den man auch unter die Fische zählte, auf den Tisch zu bringen. Auch wurde die Klausur, die Abgeschiedenheit der Nonnen von der Welt, immer wieder durchbrochen, sei es, daß man Ausflüge veranstaltete oder Besucher ins Kloster kamen. Klagen über nicht oder nicht exakt eingehaltene Regeln finden sich schon 1509, wie auch Hinweise, daß sich die Äbtissin nicht einfach von den geistlichen Vätern des Klosters disziplinieren ließ. Andererseits gibt es keinerlei Andeutung für eine sittliche Verwilderung, wie sie bei manchen Ordensniederlassungen am Beginn des 16. Jahrhunderts bisweilen zu finden ist.

Das Leben der Katharina von Bora verlief in streng geregelten Bahnen, doch nicht ohne die kleinen Freuden des Alltags. Ihr Horizont war nicht enger, sondern wahrscheinlich weiter als bei einem Mädchen ihres Alters und Standes, das zu Hause bei den Eltern lebte.

Flucht aus Nimbschen (1523)

Anders als Katharina von Bora trat Martin Luther aus tiefster Überzeugung Ende 1505 in den Augustinereremitenorden zu Erfurt ein. Er meinte, nur auf diesem Weg ein gottesgefälliges Leben führen zu können. In einem langen Prozeß in stetiger Auseinandersetzung mit der Bibel erkannte er jedoch, daß die gegenwärtige Lehre und Praxis der Kirche nicht mit der Heiligen Schrift übereinstimmte. Mit der Publikation der 95 Thesen gegen den Mißbrauch des Ablasses im Oktober 1517 trug Luther die Ergebnisse seiner langjährigen Überlegungen in die Öffentlichkeit. Einen ersten Höhepunkt fand die sich entwickelnde Reformation in der Verweigerung des Widerrufes vor Kaiser Karl V. auf dem Reichstag zu Worms im April 1521. Dieser spektakuläre Vorgang machte Luther im Reich bekannt und berühmt.

Sollte die Kirche reformiert werden, konnte kein Bereich ihres Lebens ausgespart bleiben. Dies betraf auch und gerade die Fragen von Ehe und Familie. Als verhältnismäßig einfach lösbar erschien Luther das Eheverbot für die Priester, den sogenannten Weltklerus. Denn auch seine Gegner mußten zugeben, daß der Zölibat eine relativ junge Erscheinung war. Das Neue Testament wie auch die Kirchenväter der ersten Generation, Ignatius und Clemens von Alexandrien, setzten noch ganz selbstverständlich voraus, daß Priester und Bischöfe im Regelfall verheiratet waren. Zwar gab es etwa auf der Synode von Elvira 306 Versuche, den Zölibat zumindest für die Bischöfe einzuführen, jedoch fand sich eine einheitliche Gesetzgebung erst im Jahre 1074 unter Gregor VII., der die Ehe für alle Priester des Abendlandes endgültig verbot, nicht ohne auf Kritik der Zeitgenossen, wie etwa Lambert von Hersfeld, zu stoßen. Die Ostkirchen allerdings hatten dieses Verbot nie übernommen. Nach orthodoxer Lehre durften nur die Bischöfe nicht heiraten. Bei den einfachen Priestern war lediglich die Wiederverheiratung ausgeschlossen.

Schwieriger lag die Frage bei den Ordensangehörigen. Schon in den ersten Jahrhunderten der jungen Kirche sammelten sich kleine Gemeinschaften, die mit dem Christentum ernst machen wollten. Teils lebten sie als Einsiedler in der Wüste, teils in einer Gemeinschaft, getrennt von der Welt. Spätestens mit Benedikt von Nursia wurden die drei

Franz Brun, Zwei Mönche, Kupferstich, 2. Hälfte des 16. Jahrhunderts. Trotz karikierender Züge erkennt man die Ordenstracht und das geschorene Haupthaar, die sogenannte Tonsur.

Grundbestandteile des Mönchsgelübdes festgelegt: persönliche Besitzlosigkeit, fortwährende geschlechtliche Enthaltsamkeit und Gehorsam gegenüber den Oberen, als wären sie Christus selber. Dabei wurde keineswegs von allen Mönchen erwartet, daß sie sich zum Priester weihen ließen, was für die sich schnell entwickelnden weiblichen Zweige der Ordensgemeinschaft sowieso ausgeschlossen war.

Luthers Problem lag nun in der Entkräftung der Grundlagen des Ordenswesens, verlangte die Bibel, nach traditioneller Lesart zumindest, das Ablegen und rigorose Halten von Gelübden. Den Ausweg aus diesem Dilemma fand er in zwei Punkten. Zum einen mußten die Gelöbnisse freiwillig abgelegt werden. „Gott will keinerlei Zwang in seinem Dienst", hämmerte er seinen Lesern immer wieder ein. Zum anderen, und dies war das eigentlich Revolutionäre, konnte niemand sich zu etwas verpflichten, was ihm physisch und psychisch unmöglich war. Ausgehend von der Schöpfungsgeschichte, nach der Gott den Menschen als Mann und Frau schuf, erkannte Luther, daß die Sexualität untrennbarer Bestandteil jedes Menschseins war. Im Prinzip mußte auch sie als gute Gabe Gottes anerkannt werden, da die Schöpfung insgesamt gut war. Im Gegenteil, wer sich zur Keuschheit verpflichtete, verging sich eigentlich gegen Gott, da er damit behauptete, es besser zu wissen und zu machen als Gott selbst. Zwar gab Luther bereitwillig zu, daß einzelne als besondere Gnadengabe die Fähigkeit zur sexuellen Enthaltsamkeit besäßen, aber doch nur durch eine besondere göttliche Begnadung. „Nun ist Keuschheit nicht in unserer Macht. So wenig als alle anderen Gottes Wunder und Gnaden. Vielmehr sind alle Menschen zur Ehe geschaffen, wie der Leib zeigt." Schon aus der Tatsache der Existenz der Geschlechtsorgane folgert Luther die göttliche Bestimmung zur Sexualität. Aus einer langen kirchlichen Tradition heraus können die Konsequenzen von Luthers revolutionärem Ansatz kaum überschätzt werden.

Wir wissen nicht, auf welchem Wege Luthers Überlegungen in das Kloster Marienthron gelangten. Zwei Möglichkeiten zumindest bieten sich an, ohne der Vermutung Raum zu geben, die eine oder andere gedruckte Schrift wäre heimlich im Kloster von Hand zu Hand gegangen. Im nahe Nimbschen gelegenen Städtchen Grimma stand Wolfgang von Zeschau als Prior einem Augustinereremitenkloster vor, das Luther schon 1516 als Distriktsvikar besucht hatte. 1519 predigte Luther mehrfach in Grimma und 1522 trat Wolfgang

Johann Eberlin von Günzburg. Wie gar gefährlich es ist, wenn ein Priester kein Eheweib hat, Augsburg: Melchior Ramminger 1522. Der Titelholzschnitt zeigt im Vordergrund die Heirat zwischen einem Bischof und einer jungen Frau, im Hintergrund die Eheschließung von Mönch und Nonne. Eberlins Flugschrift ist nur eine von vielen zu diesem Thema.

von Zeschau aus dem Orden aus und bekleidete danach das Amt eines Spitalmeisters in der Stadt. Zwei leibliche Nichten des ehemaligen Priors, Veronica und Margarethe, lebten in Marienthron und gehörten dann auch zu den neun Flüchtlingen.

Vorstellbar ist aber auch eine Verbindung über Leonhard Koppe, Ratsmann zu Torgau. Er wurde 1464 geboren und stammte aus einem vornehmen Bürgergeschlecht. Seine Mutter war eine geborene von Amsdorf, was eine Familienbeziehung zu Luthers bestem und ältesten Freund Nikolaus von Amsdorf, Professor in Wittenberg, zumindest nahelegt. Leonhard Koppe besaß bedeutende Güter in Torgau sowie eine vielgenutzte Fremdenherberge. Außerdem lieferte er regelmäßig als Großhändler Waren nach Marienthron, vor allem Heringe und Stockfische als Fastenspeise.

In der Nacht vom Ostersamstag auf Sonntag, den 6. zum 7. April 1523, fuhr Koppe mit zwei jüngeren Verwandten in Nimbschen vor und entführte zwölf Nonnen aus Marienthron. Die Einzelheiten der Vorbereitung wie der Durchführung der Flucht sind nicht überliefert. Als sicher dürfte gelten, daß alle gemeinsam auf Koppes Planwagen davonfuhren. Drei von ihnen, Gertraud von Schellenberg, Else von Gauditz und eine namentlich unbekannte gingen gleich zu ihren Angehörigen, so daß lange nur von neun Nonnen die Rede war. Die spätere Legendenbildung bemächtigte sich des Vorganges. Ein älterer Chronist schrieb, eingedenk von Koppes Fischlieferungen an das Kloster, daß er die Nonnen wie Heringstonnen gefahren habe, woraus ein jüngerer dann ganz wörtlich hinter Heringstonnen machte. Luther selber muß von dem Vorgang aufs Beste informiert gewesen sein, denn nach einem Rasttag in Torgau zogen die Flüchtlinge am 8. April 1523 unter großer öffentlicher Anteilnahme in Wittenberg ein. Begleitet wurden sie von einem anderen guten Freund Luthers, Gabriel Zwilling, genannt Didymus. Um 1487 geboren, ließ er sich 1512 an der Wittenberger Universität immatrikulieren. Nach einem Zwischenspiel in Erfurt erwarb er 1519 den Magistergrad wieder in Wittenberg. Im Herbst 1521, während Luther sich auf der Wartburg befand, führte er die Reformen im Wittenberger Kloster energisch voran, wobei es im Januar 1522 zu einem Bildersturm kam. Luthers Rückkehr von der Wartburg setzte dem tumultartigen Treiben ein Ende. Anfang 1523 ging

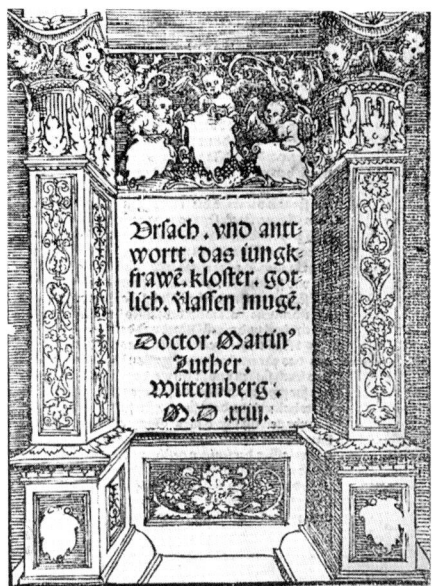

Martin Luther, Ursache und Antwort, warum Jungfrauen die Klöster mit göttlichem Recht verlassen dürfen, Wittenberg: Lucas Cranach d. Ä. und Christian Döring 1523. Luthers Verteidigungsschrift für die aus Nimbschen geflohenen Nonnen wurde mehrfach nachgedruckt.

Zwilling als Gehilfe des alten Stadtpfarrers nach Torgau, wo er bis zu seinem Lebensende 1558 verbleiben sollte.

Luther reagierte auf die Flucht der neun Nimbscher Nonnen mit einer schnell gedruckten Schrift „Ursache und Verantwortung, warum Jungfrauen das Kloster mit göttlichem Willen verlassen dürfen", in der er satirisch feststellt: „Der Narr Leonhard Koppe hat sich von dem verdammten ketzerischen Mönch fangen lassen, fährt hinzu und entführt gleich neun Nonnen auf einmal aus dem Kloster." Luther begründet seinen Schritt an die Öffentlichkeit damit, daß solche Taten das Licht nicht zu scheuen brauchen, auch die Reinheit und Ehre der Nonnen während der Flucht gewahrt bleiben und schließlich andere adlige Familien ermuntert werden sollen, auch ihre Töchter aus dem Kloster zu holen.

Nach kirchlichem wie weltlichem Recht stand auf die Entführung von Nonnen die Todesstrafe. In Herrschaftsgebieten, die der lutherischen Reformation feindlich gegenüberstanden, wurde es durchaus angewandt. 1524 ließ Herzog Georg von Sachsen Heinrich Kellner aus Mittweida wegen dieses Deliktes enthaupten. Auch durfte man nicht damit rechnen, daß eine solche Klosterflucht problemlos gelang, wie das Schicksal der Florentina von Oberweimar belegt, das Luther 1524 veröffentlichte. In ihrem autobiographischen Bericht erzählt Florentina, wie sie mit sechs Jahren ins

Kloster Neuenhelfta bei Eisleben von ihren Eltern gebracht
und bereits mit elf zur Nonne eingesegnet wurde, was allerdings einen Verstoß gegen das geistliche Recht darstellt. Als
ihr mit vierzehn Jahren Zweifel an ihrem Stande kamen,
wies sie die Äbtissin, die übrigens mit ihr verwandt war,
barsch zurück, da die abgelegten Gelübde unauflöslich
seien. Nachdem Gerüchte über Luthers Wirken zu ihr drangen, versuchte sie, ihm heimlich zu schreiben. Der Brief
wurde abgefangen und sie selber mit körperlichen Züchti-
gungen und Haft bestraft. Daß ihr nach mehrmaligen Versu-
chen die Flucht doch noch gelang, erschien nicht nur ihr,
sondern auch Luther als ein Wunder. Allerdings bezeugte
die Flucht der neun Nimbscher Nonnen einen Trend. Zu
Pfingsten 1523 flohen drei weitere aus Marienthron, darunter Katharinas Tante, die Muhme Lene. Im selben Jahr ver-
ließen acht Nonnen das Kloster Beuditz und 15 Widerstedt.
Ob diese Ereignisse der Grund waren, daß im August 1523
eine angebliche Nonne in Nürnberg vor hatte, Luther mit
einem Messer zu erstechen, wie der kurfürstliche Rat Hans
von der Planitz mitteilte, muß offen bleiben. Jedoch bedeu-
teten diese spektakulären Fluchten keineswegs das Ende
der Frauenklöster, auch nicht im kurfürstlichen Sachsen.
1525 bewohnten immer noch zwanzig Frauen Marienthron,

wo die Äbtissin Margarethe von Haubitz auch 1536 starb. Sie hatte sich im Mai 1523 zusammen mit dem Abt Petrus von Pforta beschwerdeführend an den Kurfürsten gewandt, worauf Friedrich der Weise lapidar antworten ließ: „Nachdem wir nicht wissen, wie es um die Sache steht und was die Klosterjungfrauen zu solchem Vorhaben veranlaßt hat, und wir uns auch bisher dieser und dergleichen Sachen nie angenommen haben, so lassen wir es bei der Verantwortung dafür bei den Jungfrauen selbst bleiben." Der Kurfürst entzog sich auf diese Weise seiner Verantwortung als weltlicher Herrscher, der der geistlichen Obrigkeit, die zu dieser Zeit in Sachsen allerdings weitgehend nicht mehr funktionstüchtig war, beizustehen hatte.

Zudem gab es einen profanen Grund, warum sich die Nonnenklöster nicht vollständig auflösten: Die Familien wollten ihre weiblichen Verwandten nicht zurückhaben, was durchaus verständlich ist, bedenkt man, daß gerade der Adel seine Töchter im Kloster auf Lebenszeit versorgt glaubte und dies oft mit erheblichen Aufnahmezahlungen verbunden hatte. Die Frage, die Luther nun Kopfzerbrechen bereitete, war, was aus den neun Nonnen werden sollte, die völlig mittellos und nur mit dem, was sie auf dem Leibe trugen, in Wittenberg angekommen waren. Schon am 10. April 1523 schrieb Luther deswegen an seinen Verbindungsmann am kurfürstlichen Hof, damit der dort eine Kollekte zugunsten der neun Nonnen organisierte.

Die älteste unter ihnen, wenn auch noch nicht fünfzig Jahre alt, war Margarethe von Staupitz, eine Schwester von Luthers väterlichem Freund Johann von Staupitz, dem er nach eigener Meinung seine reformatorischen Erkenntnisse verdankte. Sie blieb vorerst in Wittenberg, nachdem sich Nikolaus von Amsdorfs Plan, sie mit Georg Spalatin zu verheiraten, zerschlug. 1529 übernahm sie die Leitung der neugegründeten Mädchenschule in Grimma mit einem Gehalt von nur zehn Gulden im Jahr. Luther trat 1531 für sie ein, als ihr die Kirchenbeamten ihr kleines Wohnhaus auf dem Augustinerkirchhof nehmen wollten. 1534 bat sie Spalatin um eine Abfertigung, das heißt, eine Geldausstattung als Ersatz für die in das Kloster eingebrachten Beträge. Aus diesem Schreiben geht hervor, daß Margarethe von Staupitz in Marienthron als Kantorin und Organistin gewirkt und 20 Gulden auf Zins dem Kloster gespendet hatte. Sie erhielt 1535

Abraham Bosse, Die Schulmeisterin, Kupferstich, 16. Jahrhundert. Die Errichtung von Mädchenschulen geht auf Luthers Anregung zurück. Ausgetretene Nonnen konnten hier einen Arbeitsplatz finden.

dieselbe Summe als Abfindung. 1537 heiratete sie den Wittenberger Tiburtius Gender und starb kinderlos 1548.

Nach ihr nennt Luther Else, die Tochter des Hieronymus von Canitz bei Wurzen. Da dies im Gebiet des lutherfreundlichen Kurfürsten lag, konnte sie zu ihren Eltern zurückkehren. Ein Versuch Luthers, sie 1527 als Mädchenlehrerin nach Wittenberg zu holen, scheiterte. Um 1537 lebte sie in Grimma, wo sie ein Haus besaß.

Ave (Eva) Grosse, als Kind ins Kloster gekommen, konnte zu ihrer Familie nach Trebsen zurückkehren. Ihr Bruder Magnus war fast zeitgleich aus dem Benediktinerkloster Chemnitz geflohen. Zwei weitere Brüder bewirtschafteten das Gut. 1538 erhielt sie eine Abfindung von 20 Gulden und heiratete einen Hans Marx zu Schweinitz, der 1540 für sie eine weitere Zulage von 25 Gulden beim Hof erwirkte.

Die Schwestern Ave und Margarethe von Schönfeld waren am 7. Mai 1515 in Marienthron geweiht worden. Ihr Vater Georg, der erst in Kleinwölkau, dann in Löbnitz wohnte, konnte und wollte sie als Untertan des reformfeindlichen Herzogs Georg nicht zurücknehmen. Margarethe heiratete einen Herren von Gorsebüttel, Ave dagegen, auf die Luther selbst ein Auge geworfen hatte, den späteren Torgauer Stadtarzt Basilius Axt, der seine Laufbahn als Apothekenge-hilfe des Lucas Cranach in Wittenberg begonnen hatte.

Vanetha von Gohlis, über deren Herkunft nichts bekannt ist und die dreißig Jahre im Kloster verbracht hatte, heiratete am 24. August 1523 in Colditz, wo eine Schwester von ihr wohnte, einen Pfarrer, der allerdings schon im September einem Mord durch einen Schäfer zum Opfer fiel. In zweiter Ehe war sie mit dem Leisninger Pastor Heinrich Kind ver-mählt, der für sie am 27. Februar 1527 über 20 Gulden Ab-findung quittierte.

Schon Erwähnung fanden Margarethe und Veronika, die Töchter des Heinrich von Zeschau auf Obernitzschka bei Trebsen. Da sie mit Bernhard von Hirschberg, dem ein-flußreichen kursächsischen Rat verwandt waren, fanden sie in Wittenberg freundliche Aufnahme. Möglicherweise kehr-ten sie auf das väterliche Gut, das kursächsisches Lehen war, zurück.

Die letzte der neun aufgezählten Nonnen hieß Katharina von Bora. Wie der Vater der beiden Schwestern von Schön-feld gehörte auch ihrer zu den Untertanen Herzog Georgs. Ob er allerdings zu dieser Zeit noch lebte, bleibt unklar. Be-richtet wird von ihm nichts.

„Nicht diese, sondern eine andere" (1524-1525)

Daß Katharina von Bora in Wittenberg blieb, kann nicht be-stritten werden, aber wo sie wohnte, ist unklar. Ein Gutach-ten der Theologischen Fakultät nannte 1630 ihren Aufent-haltsort Magister Philipp Reichenbachs Haus in der Bürger-meisterstraße. Philipp Reichenbach, der sich 1506 an der Leipziger Universität einschrieb, studierte die Rechte; 1525 wurde er zum Wittenberger Stadtschreiber berufen, 1530 zum Bürgermeister gewählt. Er starb Ende Oktober 1543. Wahrscheinlicher ist, daß Katharina im Hause Lucas Cranachs in der Schloßstraße wohnte. Dafür spricht, daß von Beziehungen zwischen Reichenbachs und der Familie Luther später nichts bekannt ist, während das Ehepaar

Trauring der Katharina von Bora, Gold mit Rubin, Kopie des Leipziger Originals von 1983. Ursprünglich bestand der Ring nur aus dem innenliegenden einfachen Reifen.

Cranach zu den wenigen Gästen von Luthers Hochzeit zählte. Eine enge Freundschaft zwischen Katharina und Cranachs Ehefrau Barbara, die als einzige Frau bei Luthers Trauung anwesend war, ist ebenso bezeugt wie wechselseitige Patenschaften bei den Taufen der Kinder. Im Oktober 1523 schenkte der dänische König Christian II., der aus seinen Erblanden vertrieben worden war, weil er ein Massaker an seinem Adel veranlaßt hatte, Katharina einen Ring. Christian II. wohnte nachweislich bei Lucas Cranach, der das größte Wohnhaus Wittenbergs besaß. Auch dies spricht für Katharinas Aufenthalt bei Cranach. Schließlich heiratete Katharinas Klostergefährtin Ave von Schönfeld 1523 den Apothekergehilfen Cranachs, Basilius Axt. Gut vorstellbar also, daß die beiden ehemaligen Nonnen sich zusammen bei Cranach aufhielten.

Während die anderen Nonnen verhältnismäßig schnell einen neuen Lebensunterhalt fanden, blieb Katharinas Schicksal offen. Sie lernte offensichtlich die wichtigen Vertreter der Universität wie auch manchen Studenten kennen, die ihr in vertraulicher Runde den Spitznamen Katharina von Alexandria gaben, ein Hinweis auf die Schutzpatronin der Philosophischen Fakultät, die sie der Legende nach als besonders gelehrte Heilige kannten. Aber wirklich berührt scheint sie nur die Begegnung mit Hieronymus Baumgartner zu haben. Baumgartner, ein Jahr älter als Katharina, stammte aus einem alten Nürnberger Patriziergeschlecht. Nach seinem Studium in Wittenberg von 1518 bis 1521 kehrte er im Frühsommer 1523 noch einmal in die Stadt zurück, um Melanchthon zu besuchen. Dabei müssen sich die beiden begegnet sein, wobei Baumgartner einen bleibenden Eindruck hinterließ. Ganz Wittenberg, so scheint es, wußte oder meinte zu wissen, daß Katharina heftig verliebt sei.

Bleikhard Syndringer schrieb Baumgartner, der schon im Juni Wittenberg wieder verließ, einen Brief im Oktober 1523, in dem behauptet wird, daß Katharina aus Liebe schon ganz krank sei. Fast genau ein Jahr später wandte sich auch Luther selber an Baumgartner mit dem Hinweis, er müsse sich nun endlich entscheiden, sonst würde Katharina einen anderen heiraten. Der ließ aber nichts von sich hören. Mit großer Sicherheit ist davon auszugehen, daß Baumgartners einflußreiche Familie keinerlei Interesse an der Verbindung ihres Sprößlings mit einer mittellosen entlaufenen Nonne hatte. Am 23. Januar 1526 heiratete Baumgartner standesgemäß in München die erst fünfzehnjährige Sybille Dichtel, Tochter eines bayerischen Oberamtmannes. Zeitgenossen wie Nachgeborene beschäftigten sich wiederholt mit dieser Romanze. Sie gab auch den Anlaß für die bösartigen Gerüchte, Katharina wäre nicht jungfräulich in die Ehe gegangen. Was sich wirklich abgespielt hat, muß schon deswegen offenbleiben, weil wir keine Äußerung des Hieronymus Baumgartner kennen. Fest steht, daß 1524 Katharina in Wittenberg so bekannt war, daß sich die verschiedensten einflußreichen Leute mit ihr beschäftigten. Auch später bestanden Beziehungen zwischen dem Ehepaar Luther und Baumgartner. Martin Luther machte sich noch 1540 über Katharinas „Liebhaber" lustig.

1524 sahen sich Luther und von Amsdorf gezwungen, nun ernsthaft über das weitere Schicksal der Katharina nachzudenken. Luther schlug als Ehepartner den Wittenberger Stiftsherren Kaspar Glatz vor, der sich gerade auf seiner Pfarrstelle in Orlamünde niedergelassen hatte. Glatz war offensichtlich schon älter und galt, wie sich später zurecht herausstellte, als geizig und zänkisch. Im Rückblick erinnert sich von Amsdorf, daß er eingewandt habe, Katharina würde den alten Geizhals nicht lieben. Luthers Antwort lautete: „Welcher Teufel will sie denn haben. Mag sie den nicht, so mag sie noch eine Weile auf einen anderen warten." In diesem Zusammenhang muß es dann auch zu der berühmten Unterredung gekommen sein, in der Katharina von Amsdorf erklärte, daß sie Glatz auf keinen Fall heiraten wolle; wenn es nicht anders ginge, dann ihn selber oder Martin Luther, womit der Name des Hauptakteurs zum ersten Male genannt ist.

Auf Luthers Ratschlag hin verheirateten sich die ersten Priester bereits 1521. Mit der Auflösung des Wittenberger Augu-

Luther und Katharina von Bora, Öl auf Holz von Lucas Cranach d. Ä. (Werkstatt), 1528

stinerkonventes 1522 gingen auch Mönche eine Ehe ein. Luther selbst blieb jedoch im Kloster, trug seine Kutte weiter und sah keinen Anlaß, seinen eigenen Ratschlägen zu folgen. Abschreckend dürfte dabei auch das Beispiel seines Kollegen Philipp Melanchthon gewirkt haben. Zwar hatte der, da er kein Theologe war, keine rechtlichen Schwierigkeiten bei der Heirat, aber die im November 1520 mit der gleichaltrigen Katharina Krapp geschlossene Ehe stellte sich als recht unglücklich heraus. Luther selber hatte die Hochzeit mit aller Macht betrieben, da er dadurch Melanchthon an Wittenberg binden und zugleich seinen hochbegabten und schwer arbeitenden Freund besser versorgen wollte. Melanchthon jedenfalls sprach in einem Einladungsbrief an einen Freund von einem „Tag der Trübsale".

Will man die nachfolgenden Ereignisse recht verstehen, so gilt es, sich vor Augen zu führen, daß für Luther die Frage, ob er heiraten solle, weit wichtiger war als wen. Ursprünglich stand er der Ehe skeptisch gegenüber. Zwar galt sie nach katholischer Kirchenlehre seit Gregor X. und dem Konzil von Lyon 1274 endgültig als Sakrament, jedoch war man sich sicher, daß Ordensleben und Zölibat die verdienstlichere Lebensweise vor Gott sei. Luther, der 1523 sein vierzigstes Lebensjahr vollendet und den größten Teil davon im

Kloster verbracht hatte, konnte sich nur langsam von dieser Vorstellung lösen. Eine skeptische, wenn nicht sogar verächtliche Betrachtung der Frauen als schwachen Geschlechtes ist seiner Zeit völlig zu eigen, verstärkt noch durch die Frauenfeindlichkeit des Humanismus, wie sie sich auch bei Melanchthon zeigte. Hinzu kommt, daß nach Luthers eigener und sicher glaubwürdiger Aussage er unter dem Keuschheitsgebot nicht litt. „Mit Frauen," erklärt er im Rückblick, „hatte ich nichts zu tun, außer ein paar Mal in der Beichte, und da habe ich sie nicht angeschaut. Außer dem nächtlichen, natürlichen Ausfließen hat mich auch der Sexualtrieb nicht gequält." So erklärt sich, daß er den Heiratsbemühungen der Wittenberger Mönche von der Wartburg aus eher amüsiert gegenüberstand und noch am 30. November Spalatin ernsthaft erklärte, er fühle sich nicht geschickt zum Heiraten.

Gründe, diesen Entschluß zu ändern, finden sich mehrere. Seit dem Herbst 1524 tobte der Bauernaufstand erst durch Süddeutschland, dann auch durch Thüringen. Eine Reise im Frühjahr 1525 durch aufständische Gebiete bestätigte Luthers Überzeugung, daß das Ende der Welt nahe sei. Zumindest er selbst meinte, nicht mehr lange zu leben. Auf dem Totenbett, so malte er sich es aus, könne er irgend ein ehrliches Mädchen heiraten, um aller Welt zu zeigen, daß er es mit der Reformation für sich selbst ernst meine. So könnte er außerdem dem Teufel, den er in den zeitgenössischen Wirren am Werke sah, ein Schnippchen schlagen. Ein dritter Grund lag in der Aussöhnung mit seinem Vater. Hans Luther zeigte sich 1505 tief enttäuscht, als sein ältester Sohn das Jurastudium aufgab und in das Kloster eintrat, wobei er auf eine erfolgversprechende bürgerliche Laufbahn verzichtete. So ärgerlich war der Vater, daß er dem Sohn vorhielt, von einem Gespenst getäuscht worden zu sein. Mit der Hochzeit wollte Luther dem Vater eine Aussöhnung nahelegen.

Bei Heiraten spielten Eltern traditionsgemäß eine gewichtige Rolle. Sie wählten den Lebenspartner für ihre Kinder und handelten die Mitgift aus. Man sollte nicht übersehen, daß Eheschließungen am Beginn des 16. Jahrhunderts vor allem wirtschaftliche Beweggründe hatten. Luther verstärkte den elterlichen Einfluß theologisch auf Grund des vierten Gebotes, das die kindliche Gehorsamspflicht einschärfte. Aus dem Spruch Jesu „Was Gott zusammengefügt hat, soll der Mensch nicht scheiden" mußte ja gefolgert werden, daß

Lucas Cranach d. Ä., Luthers Vater Hans, Öl auf Holz 1530.
Lucas Cranach d. Ä., Luthers Mutter Margarethe, Öl auf Holz 1530.

Ehepartner durch göttlichen Beschluß zusammenkommen. Es fragte sich nur, wie man sich das konkret vorzustellen hatte. Für Thomas Müntzer, Luthers Gegenspieler im Bauernkrieg, war klar, wie er in einem Brief von März 1522 an Melanchthon ausführte, daß es einer speziellen göttlichen Offenbarung, etwa durch einen Traum, bedurfte, um die Ehepartner zusammenzuführen. Das konnte Luther aus theologischen wie praktischen Gründen nicht akzeptieren. In der Praxis hätte diese Überlegung zur Anarchie geführt, theologisch standen wegen des vierten Gebotes in der Ehefrage die Eltern an der Stelle Gottes, so daß eine Heirat ohne Einwilligung der Eltern als unchristlich erschien. Umgekehrt aber waren die Eltern verpflichtet, auf Verlangen ihrer Kinder für Ehepartner zu sorgen.

Zweck der Ehe, hier stand Luther durchaus im Banne der Tradition, war die Kindererzeugung und -aufzucht, die Bändigung des als dämonisch verstandenen Sexualtriebes, aber auch die gegenseitige Unterstützung und Hilfe der Ehepartner auf Lebenszeit. Seitdem der Heilige Augustin am Beginn des 5. Jahrhunderts die Erbsünde, die jedem Menschen innewohnt, mit der concuspientia, der bösen Lust in eins gesetzt hatte, prägte die kirchliche Überlieferung eine sich verstärkende Feindschaft gegen die Sexualität. Nach der Überzeugung der Kirchenväter war die Empfängnis im Paradies noch frei von sexueller Lust, diese trat erst als Folge des Sündenfalls auf. Die weibliche Begierde sei zusätzlich gefährlicher, da sie weniger rational gesteuert würde. Nur vor diesem Hintergrund lassen sich Luthers Äußerungen verstehen, die teilweise dem heutigen Leser als frauenfeindlich und patriarchalisch erscheinen müssen, obwohl sie in ihrer Zeit revolutionäre Sprengkraft entwickelten.

Dies lag vor allem darin begründet, daß Luther die herkömmliche Reihenfolge in der Hochschätzung der Keuschheit vor der Ehe umdrehte, da letztere ausdrücklich unter Gottes gutem Schöpfungswillen stand, während erstere gerade nicht von Gott geboten war. „Es hat eine Magd", schreibt Luther, „die ein Kind wickelt und ihm einen Brei kocht - selbst wenn es ein Kind einer Hure ist - eine viel höhere Berufung von Gott selbst, als alle Mönche und Nonnen dieser Erde, die für ihre selbsternannte Heiligkeit sich nicht auf Gott berufen können." Inwieweit diese theoretischen Aussagen sich in der Praxis bewährten, mußte die Zukunft zeigen. Ein modernes Problem kannte Luthers Zeit jedoch kaum, die Liebe vor der Ehe. Nach der Überzeugung des 16. Jahrhunderts wuchs Liebe zwischen den Partnern, wenn überhaupt, dann innerhalb und während der Ehe. Für die Heirat genügte durchaus, wenn sich die beiden Kandidaten nicht mit unüberwindlicher Abscheu gegenüberstanden. Da wirtschaftliche Belange und die Kinderaufzucht im Vordergrund standen, konnte das Liebesmotiv durchaus zurücktreten. Entsprechend finden wir bei Luther in den ersten Zeiten der Ehe durchaus zurückhaltende Bemerkungen, wonach er in seine Käthe keineswegs brennend verliebt sei, sie aber wohl lieb- und wertschätzte.

Es kann letztlich kaum geklärt werden, wieviel Katharina von diesen Details wußte. Hervorzuheben aber bleibt die Tatsache, daß offensichtlich sie den ersten Schritt hin auf den Ehebund tat. Allerdings findet sich erst Ostern 1525 ein Hinweis in einem Brief, daß Luther eine Heirat mit ihr erwägt. „Drei Frauen", heißt es da an Spalatin, „habe ich geliebt und zwei schon verloren, die dritte halte ich nun mehr nur noch am Ärmel." Für Luthers Gegner bildete dieses Schreiben einen Beweis für seine behauptete sexuelle Unmäßigkeit. In Wirklichkeit dürfte es, wenn es sich nicht um eine Anspielung auf Ave von Schönfeld handelt, auf die Luther nach eigenem Bekunden ein Auge geworfen hatte, eine Allegorie auf die drei Mönchsgelübde gewesen sein. Armut und Gehorsam waren schon verloren, die Ehelosigkeit stand in Gefahr. Im Rückblick bemerkte Luther allerdings, daß er vor einer Hochzeit mit Katharina gezögert hatte, da sie ihm stolz und hochmütig erschien.

Katharinas angeblicher Stolz, modern gesprochen, ihr ausgeprägtes Selbstbewußtsein, das bei einer Frau des 16. Jahrhunderts nicht als Tugend galt, ist neben charakterlichen Gründen wohl auf ihre Herkunft zurückzuführen. Zwar galt die Trennung zwischen Bürgertum und Adel in der frühen Neuzeit noch längst nicht so strikt wie im Zeitalter des Absolutismus, auch war ein Universitätsdoktorat dem Adel durchaus ebenbürtig, doch kam es durchaus nicht alle Tage vor, daß sich Adel und Bürger in der Ehe verbanden. Von Luther gibt es dazu keine direkten Aussagen, aber es fällt doch auf, wie oft er in Briefen und Tischreden seine Frau Katharina von Bora, und nicht einfach Käthe Lutherin nannte. Er konnte und wollte die Abkunft seiner Frau nicht in Vergessenheit geraten lassen.

Die Zeitgenossen erklärten sich Luthers Wahl mit der Schönheit der Katharina. Von ihr berichtet nicht nur Erasmus von Rotterdam, sondern auch Luthers Freund von Amsdorf. Das kleine Rundbild, das Lucas Cranach anläßlich der Eheschließung malte, trägt zur Entscheidung nicht viel bei. Deutlich werden die ausgeprägten Gesichtszüge, die markante Nase und das klar erkennbare Kinn. Die etwas schräg stehenden Augen, die bei Cranach häufiger zu finden sind, gehen wohl eher auf malerisches Unvermögen zurück. Der Gesamteindruck zeigt eine erwachsene Frau, die älter wirkt als 26 Jahre.

Nachdem sich Luther zur Hochzeit entschlossen hatte, - ein letzter Auslöser dürfte der Tod des Kurfürsten Friedrich des Weisen und die Bauernschlacht bei Frankenhausen im Mai 1525 gewesen sein -, ging alles sehr schnell. Über eine Brautwerbung bei Katharina wissen wir nichts.

Am Abend des 13. Juni 1525 lud Luther die engsten Wittenberger Freunde in das Schwarze Kloster ein. Neben dem Ehepaar Cranach kamen Justus Jonas, der Jurist Johann Apel und Johannes Bugenhagen, der auch die Trauung hielt. Traditionellerweise ging der eigentlichen Trauung eine längere

Verlobungszeit voraus. Ursprünglich war die Eheschließung eine weltliche Angelegenheit, die durch die Willenserklärung der Brautleute und die sexuelle Vereinigung vollzogen wurde. Am Beginn des 16. Jahrhunderts erhielt das Verlöbnis einen so hohen Stellenwert, daß bei Verlobten auch die noch nicht vollzogene Ehe als geschlossen galt. Luther bekämpfte später diese Sitte, zumindest, falls die Eltern ihr Einverständnis vorher nicht gegeben hatten.

Über die Einzelheiten der Vorgänge im Schwarzen Kloster sind wir nicht unterrichtet. Verlobung und Kopulation scheinen unmittelbar hintereinander vollzogen worden zu sein. Bugenhagen dürfte den Segen über die Verlobten gesprochen haben, wonach beide sich in Anwesenheit der Gäste bekleidet auf das vorbereitete Brautbett legten. Dieses sogenannte Beilager kann man als Rest einer älteren Sitte ansehen, bei der die fleischliche Vereinigung vor Zeugen vollzogen werden mußte, auch um die Virginität der Braut sicherzustellen. Am folgenden Morgen wurde ein Frühmahl eingenommen, zu dem der Rat ein Stübchen Malvasier, ein Stübchen Rheinwein und eineinhalb Stübchen Frankenwein im Gesamtwert von 1 Gulden und 15 Groschen stiftete. Da es sich dabei um etwa 10 Liter Wein insgesamt handelte, steht zu vermuten, daß die Gesamtmenge nicht sofort ausgetrunken wurde. 14 Tage später, wieder an einem Dienstag, der als glückverheißend für Eheschließungen galt, lud Luther

Hans Sebald Beham, Der verlorene Sohn vergeudet sein Erbteil mit Gelagen, Kupferstich 1540. Ein fröhliches Gastmahl im Freien ist auch anläßlich Luthers Hochzeit vorstellbar, wenn auch die Teilnehmer sicher nicht so vornehm gekleidet waren.

seine Freunde und Verwandten zur sogenannten Wirtschaft, die aus Kirchgang mit anschließendem Festmahl bestand. Normalerweise folgte die Wirtschaft unmittelbar der Trauung. Da diese in Luthers Fall, wie gezeigt, ohne vorangegangene Verlobung erfolgte, bedurfte es einer größeren Zeitspanne, um alle einladen zu können, die weiter entfernt wohnten. Das waren zuerst einmal Luthers Eltern, was umso näher liegt, als die Heirat der Aussöhnung mit dem Vater dienen sollte. Die Mansfelder Räte Rühel, Thier und Kaspar Müller vertraten Luthers Heimatsobrigkeit, Johann von Doltzig kam für den kursächsischen Hof. Georg Spalatin, Wenzel Link aus Altenburg und Nikolaus von Amsdorf, der seit 1524 in Magdeburg lebte, bildeten den Kreis der engsten Freunde Luthers. Anwesend war wohl auch Philipp Melanchthon. Eine besonders herzliche Einladung erhielt der Nonnenräuber und „würdige Vater Prior" Leonhard Koppe in Torgau und seine Frau Audi. Wie fröhlich sich Luther fühlte, geht aus seiner Bitte hervor, ihm eine Tonne besten Torgischen Bieres mitzubringen. „Sollte es nicht kühl und ausgeruht sein, so setzte ich die Strafe, daß Ihr es selber aussaufen müßt."

An Getränken litt die Hochzeitsgesellschaft auch sonst keinen Mangel, da die Stadt Wittenberg neben 20 Gulden in bar ein Faß Einbecksches Bier spendierte. Die Hochschätzung des Einbecker Gebräus hat sich im Begriff des 'Bockbieres' bis heute erhalten. Der neue Kurfürst Johann der Beständige, ein offener Anhänger Luthers, schenkte der Familie einhundert Gulden als Grundstock für die Hauswirtschaft. Zwanzig Gulden sandte auch Luthers Gegner, der Kardinal Albrecht von Mainz, den Luther mit seiner Heirat zur Nachfolge ermuntern wollte, da er der Überzeugung war, die Umwandlung der geistlichen Fürstentümer durch Heirat der Inhaber wäre ein erfolgversprechender Weg. Ob die hübsche Legende, wonach Luther die Gabe des Kardinals zornig abgewiesen, Katharina den Boten aber heimlich auf der Treppe abgefangen habe, um das Geld doch anzunehmen, den Tatsachen entspricht, bleibt unentscheidbar. Dafür spricht Katharinas mehrfach beweisbare Vorliebe für pragmatische Lösungen. Zumindest tritt uns hier Katharina handelnd entgegen, während sie sonst oft nur als Objekt von Luthers Taten belegbar ist.

Das Lachen des Teufels (1525-1527)

Die Reaktionen auf Luthers Heirat waren verheerend. Daß er sich vor allem dem altgläubigen Lager gegenüber angreifbar gemacht hatte, war ihm schon vorher bewußt. Die schnelle Abwicklung der Heiratszeremonie sollte dem wohl entgegenwirken. Trotzdem unterstellte ihm König Heinrich VIII. von England, er habe die ganze Reformation nur zur Befriedigung seiner Geilheit unternommen. Auch der altgläubige Herzog Georg von Sachsen nutzte die Heirat zum Angriff, allerdings verwies er auf Luthers Gier und Habsucht, denn Luther habe seine Mitbrüder aus dem Kloster verdrängt, um nur mit seiner Frau die Einkünfte zu genießen, obwohl sie jetzt kaum ausreichten, während früher ein ganzer Konvent davon leben konnte. Schlimmer als die Angriffe der Gegner waren die der Freunde. Der Jurist Hieronymus Schurff, der Luther als Rechtsbeistand auf den Reichstag nach Worms begleitet hatte, verbreitete sich so: „Wenn der Mönch heiratet, so wird alle Welt und auch der Teufel lachen, und sein Vorhaben (die Reformation) wird scheitern." Als Luther diese Äußerung seines Universitätskollegen zu Ohren kam, meinte er, daß der Teufel ob seiner Heirat sicher weinen würde. Wie Katharina derlei Worte aufnahm, ist nicht bekannt. Erfreulich waren sie sicher nicht für sie.

Auch in der Stadt regte sich Widerstand. Das Wittenberger Strafbuch vermerkt unter dem 9. Dezember 1525: „2 Schock Groschen von Clara, Eberhard Lorenz Jessners eheliche Hausfrau, die hat ... Doktor Martin (Luther) und seine eheliche ehrbare Hausfrau geschmähet und gescholten bei der Hochzeitsfeier des Magister Johann Lubeck." Der Stadt lag offensichtlich an der Erhaltung von Zucht und Sitte. Jedoch erschien nicht nur der erwähnten Clara unklar, wie denn eine Nonne eine juristisch gültige Ehe eingehen könne. Die traurigste Reaktion lieferte Philipp Melanchthon, der zur eigentlichen Hochzeit am 13. Juni 1525 bezeichnenderweise nicht geladen war. Drei Tage später machte er in einem griechisch geschriebenen Brief an seinen Freund Joachim Camerarius seinem Herzen Luft: „Unerwarteterweise hat Luther die Bora geheiratet, ohne auch nur einen seiner Freunde vorher über seine Absichten zu unterrichten ... Du wunderst dich wohl, daß in so ernsten Zeiten, da die Guten überall so schwer leiden, dieser nicht mit den anderen leidet, sondern

Albrecht Dürer, Philipp Melanchthon, Kupferstich 1526. Der bedeutende Gelehrte und Freund Luthers fühlte sich durch dessen Hochzeit verunsichert.

vielmehr, wie es scheint, schwelgt und seinen guten Ruf kompromittiert, in einer Zeit, wo Deutschland gerade besonders seines Geistes und seiner Autorität bedarf ... Der Mann ist überaus leicht zu verführen, und so haben ihn die Nonnen, die ihm auf alle Weise nachstellten, umgarnt, obgleich er ein edler und wackerer Mann ist, verweichlicht und das Feuer bei ihm auflodern lassen ... Jetzt muß man das Geschehene nicht übel aufnehmen und tadeln. Denn, wie ich recht sehe, lag bei ihm ein natürlicher Zwang zur Heirat vor. Ist diese Lebensweise - die Ehe - auch niedrig, so ist sie doch heilig und Gott mehr gefällig als die Ehelosigkeit. Zudem hoffe ich, daß der Ehestand ihn würdevoller macht und daß er dadurch die Possenreißerei verliert, die wir oft getadelt haben ... Durch viele Fehltritte der Heiligen der Vorzeit hat Gott uns gezeigt, daß wir sein Wort als Prüfstein gebrauchen und nicht nach dem Ansehen und der Person eines Menschen uns richten sollen, sondern allein nach seinem Worte. Ganz gottlos ist, kann man umgekehrt sagen, wer wegen des Fehltritts des Lehrers die Lehre verurteilt."

Zunächst liegt hier der Gefühlsausbruch eines gekränkten Freundes vor. An Luthers Wirtschaft am 27. Juni nahm Melanchthon teil, später entwickelte er ein durchaus freundschaftliches Verhältnis zu Katharina. Aber das Dilemma bleibt bestehen, die Ehe ist ein niedriger Stand, die Nonnen haben Luther umgarnt. Wenn selbst einer der nächsten Kollegen Luthers solche Vorbehalte gegen seine Ehe zeigte, wen sollte wundern, daß die Gegner die Situation weidlich ausnutzten.

Auch in den folgenden Jahren verringerten sich die Gerüch-

D: Luther, die Frau Käth und liebe Tugendt.

Dr. Luther, die Frau Käth und die liebe Jugend, Holzschnitt, Anfang des 17. Jahrhunderts. Luthers Porträt und das seiner Frau gehen auf die Vorbilder Lucas Cranachs zurück. Die Kinderbilder dürften auf freier Erfindung des anonymen Zeichners beruhen. Durch die Tür im Hintergrund links tritt ein Knabe ein mit der Beischrift „Ich heiße Andraesel".

te und Gemeinheiten kaum. Obwohl schon Melanchthon in seinem Brief bestritten hatte, daß Katharina nicht als Jungfrau in die Ehe gegangen sei, dichteten die Altgläubigen Luther einen Sohn Andreas an, der am 11. Juli 1525 geboren sein sollte. In Wirklichkeit handelte es sich um einen Neffen, den Sohn seiner Schwester, die einen Heinz Kaufmann geheiratet hatte. Lateinische Spottschriften auf Luthers Ehe von Hieronymus Emser und Johann Eck, Luthers Gegner auf der Leipziger Disputation 1519, zeigten wenig Wirkung. Schlimmer wirkten die Bemühungen von zwei jungen Leipziger Magistern, die 1528 lateinische und deutsche Schmähschriften verfaßten und sich auch an Luthers „vermeintliche" Ehefrau Katharina wandten, wobei sie sie als „treulose, meineidige, entlaufene Hure" bezeichneten. Wie ein Tanzmädchen sei sie in weltlichen Kleidern nach Wittenberg gekommen und habe dort mit ihrem Zuhälter Luther in offenbarer Unzucht gelebt, bis sie schließlich heirateten. Die Beschimpfungen erschienen gedruckt und wurden durch Leipziger Boten in Luthers Haus abgegeben. Allerdings erklärte der in einer Gegenschrift, er habe nichts davon gelesen,

Johannes Hasenberg, Spiel mit
Luther dem Luder, Leipzig:
Michael Blum 1530. Der Titelholzschnitt der lateinischen
Spottschrift zeigt links oben
das Ehepaar Luther und darunter die Folgen: Aufruhr, Irr-
lehre und Verderbnis der Heiligen Schrift.

Joannis Hasen=
bergij Bohemi, ad Ludera=
norum, famosum Libellū,
recens Wittenbergae
editū, Responsio.

Tetrastichon.
Si quis adest, cui non ars sit perspecta Lutheri,
Quam tulit ex Orco, qua dedit omne malum,
Qua necat omne bonum, si quis cognoscere gliscit,
Huc eat, & lectus singula sermo dabit.

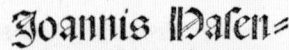

Johannes Hasenberg, Antwort
auf die von den Lutheranern
herausgegebene Schmäh-
schrift, Leipzig 1530. Auch
hier wird nicht nur Luthers
Ehe, sondern Katharinas Person verleumdet.

sondern die Sendbriefe, „bemalt mit dem, was aus der stin-
kigen Hinterstube kommt", wieder verschlossen und an den
Absender zurückgeschickt. Katharina muß von dem Vorfall
gehört haben, zumal auch in diesen Schmähungen wiederholt der Vorwurf des Gelöbnisbruchs vorkommt, weswegen
vor allem ihr mit der Hölle gedroht wird. Nach Luthers Behauptung wollten die Verfasser einen Keil zwischen die
Eheleute treiben, um seine Frau zu bewegen, ins Kloster
zurückzukehren.

Den Höhepunkt öffentlicher Verunglimpfung von Luthers
Ehe erreichte jedoch Simon Lemnius 1538. Der 1511 in
Graubünden geborene Lemnius kam 1534 zum Studium
nach Wittenberg. Als durchaus begabter lateinischer Dichter
befreundete er sich bald mit Georg Sabinus und Johann Sti-
gel, die wie er zur engsten Schülerschar Philipp Melanchthons gehörten. 1534 verfaßte er ein Bändchen kurzer lateinischer Gedichte, sogenannte Epigramme, die Luthers Zorn
erregten, da er darin sich selbst, aber auch Bürger der Stadt
verunglimpft sah. Lemnius floh aus Wittenberg und ließ
1538 seine Monachopornomachia, den Mönchs-Huren-
Krieg, erscheinen. Diese sogenannte Komödie gehört zu
den pornographischsten Machwerken des 16. Jahrhunderts.
Im Unterschied zu Luthers katholischen Gegnern, die wenigstens vorgaben, um das Seelenheil der Katharina besorgt
zu sein, reihte Lemnius endlose sexuelle Zoten als Selbst-
zweck aneinander. Katharina erscheint bei Lemnius nicht
nur als mannstolle Prostituierte, sondern auch als herrische
Xanthippe, die Luther das Leben später zur Hölle macht.
Einbezogen in derlei Geschmacklosigkeiten werden auch
die Gattinnen von Spalatin und Justus Jonas. Steht Lemnius
Werk auch in Gemeinheit und Roheit ziemlich vereinzelt in
der Literatur des 16. Jahrhunderts und war seine Wirksamkeit verhältnismäßig begrenzt, so zeugt es doch von einer
weit verzweigten Ablehnung von Luthers Ehefrau, die sich
keineswegs auf die ersten Ehejahre beschränkte.

Eine besondere Belastung dürfte zumindest anfänglich die
immer wiederkehrende Anspielung auf die alte Volkssage
gewesen sein, wonach aus der Vermählung eines Mönches
und einer Nonne der Antichrist hervorkäme. Zwar hatte
Erasmus dazu spöttisch bemerkt, wenn das wahr wäre,
müßte die Welt voller Antichristen sein, doch bleibt anzunehmen, daß zumindest die erste Schwangerschaft der Katharina unter erheblicher seelischer Belastung gestanden

haben muß. Denn anders als es die Satiren beschreiben, begann das eheliche Leben im Schwarzen Kloster keineswegs prächtig und herrschaftlich, denn selbst die finanziellen Grundlagen des gemeinsamen Lebens waren vorerst unklar. Als Mönchsprofessor bezog Martin Luther kein Gehalt an der Universität, da ihn das Kloster versorgte. So bildete selbst die Beschaffung einer neuen Kutte durch den Hof ein bürokratisches Problem, das sich über zwei Jahre lang hinziehen konnte. Bei der Auflösung des Konventes 1522 bemühte man sich, jeden austretenden Mönch mit einer finanziellen Abfindung zu versehen, damit er sich draußen in der Welt eine Existenz aufbauen konnte. Da Bargeld knapp war, nutzte man auch das Inventar, so daß Luther 1525 den Wert der noch vorhandenen Möbel und Küchengegenstände auf zwanzig Gulden schätzte, wobei er verächtlich bemerkte, für das Geld Besseres erwerben zu können.

Aus seiner Predigertätigkeit an der Stadtkirche seit 1514 erhielt Luther jährlich 9 alte Schock Groschen, eine Summe, die keinesfalls zur Bestreitung des Lebensunterhaltes ausreichte. Ein Gehalt vom Kurfürsten ist nicht nachweisbar. Der Hof, der sich später recht spendabel zeigte, hielt sich zwischen 1522 und 1525 auch mit Geschenken zurück. In diesem Zeitraum sind lediglich zwei Keulen Wild belegt, ein Frischling und ein Lachs, der damals noch häufig in der Elbe vorkam.

Im zweiten Halbjahr 1525 ordnete Spalatin im Auftrag des Kurfürsten die Universität und setzte ein jährliches Gehalt von 200 Gulden für Luther durch. Ebensoviel erhielt Philipp Melanchthon. Luthers Bezüge flossen direkt aus der kurfürstlichen Kammer, da seine Stelle nicht zur regulären Ausstattung der Hochschule gehörte. Diese Neuregelung machte Pläne zur Einführung von Kolleggeldern überflüssig, was Luther ebenso erleichterte wie die Tatsache, daß er nun ein Angebot der Wittenberger Drucker-Verleger ausschlagen konnte, die ihm für jährlich 400 Gulden seine gesamte literarische Produktion abkaufen wollten. Vordergründig erfreute ihn, daß er nun kein Geld für etwas nehmen mußte, das er als Begabung durch Gott ansah. Daneben verhinderte er so, an Einfluß auf die Gestaltung und die Qualität der Drucke zu verlieren.

Ab dem Jahr 1527 sind zusätzliche Lieferungen von Korn und Brennholz bezeugt. 1529 lieferte der Hof neben Wild und Fisch auch Talg für Kerzen. Im Oktober 1528 hielt sich

die aus einem Freiberger Kloster entwichene Nonne Ursula von Münsterberg für mehrere Wochen im Schwarzen Kloster auf, wofür der Hof Luther nicht nur mit 10 Schock, 34 Groschen entschädigte, sondern auch mit vier Scheffeln Äpfel. Ebenso finden sich Hinweise auf Geschenke von Freunden an Tuch, Bechern und Bier. Ausdrücklich werden zwei Uhren aus Nürnberg erwähnt. Diese Gaben trugen dazu bei, ein richtiges Familienleben im Kloster erst zu ermöglichen.

Katharinas erste Amtshandlung als Ehefrau war, Luthers Bett fortzuwerfen. Der Strohsack, worauf Luther schlief, erwies sich als völlig verfault, da weder ihr Ehemann, noch sein Famulus je auf den Gedanken gekommen waren, ihn einmal zu wenden und zu lüften.

Selbst der Trauring der Katharina, der heute in Leipzig aufbewahrt wird, bestand in seiner ursprünglichen Form nur aus dem inneren, schlichten Reifen, die äußeren Verzierungen mit dem Rubin und dem gekreuzigten Christus wurden später angebracht. Wahrscheinlich nutzte Katharina den Ring, den ihr der dänische König Christian II. verehrt hatte.

Wohnrecht im Kloster hatten außer der Familie Luther noch der ehemalige Prior Eberhard Briesger und der Verwalter des Klostervermögens Bruno Bauer. Ersterer zog in ein kleines Haus an der Collegienstraße in Richtung auf das Elstertor zu um, letzterer nutzte ein Grundstück auf demselben Streifen weiter westlich. Das heutige Vordergebäude, das sogenannte Augusteum, konnte erst nach 1565 errichtet wer-

Stadtansicht von Wittenberg, Detail, Holzschnitt vor 1547. Auf dem Ausschnitt erkennt man rechts das Schwarze Kloster, in der Mitte das Melanchthonhaus und links die Universitätsgebäude.

den. Zu Luthers Zeit standen auf dem gesamten Gelände vor dem Kloster nur einzelne Wirtschaftsgebäude. Den Abschluß zur Straße bildete ein hoher Holzzaun. Ein Teil des Hofes diente als Friedhof für die Mönche. Er lag um die Kapelle des Vorgängerbaues des Klosters, des Siechenspitals, herum. Allerdings befand sich diese Kapelle, die 1522 unter einem Bildersturm zu leiden hatte, in baufälligem Zustand. Ein geplanter Neubau kam aufgrund der reformatorischen Ereignisse nicht über das Fundament hinaus.

In diese Situation hinein begannen die Eheleute ihr gemeinsames Leben, über das Luther einem Freund berichtete. „Ich bin an Ketten gebunden und gefangen und liege auf der Bahre, gleichsam der Welt abgestorben." Ob man die Wortspiele mit „Käthe" und „Kette", was Luther später wiederholt, und mit „Bora" und „Bahre", was hier allein vorkommt, launig oder ärgerlich findet, mag dahingestellt sein.

Die Rute und der Apfel (1526-1534)

Zur großen Erleichterung Luthers wurde der erste Sohn am 7. Juni 1526 ohne größere Komplikationen geboren und am selben Tag nachmittags durch den Diakonus Georg Rörer auf den Namen Johannes getauft.

Die Sitte, Neugeborene so früh wie möglich zu taufen, bezeugt der Stadtkirchenaltar zu Wittenberg, wenn dort auch verwundert, daß der Nichttheologe Melanchthon die heilige Handlung ausführt. Über die gesundheitlichen Risiken war man sich durchaus im klaren. Kirchenordnungen aus dem 16. Jahrhundert weisen den Küster ausdrücklich darauf hin, angewärmtes Wasser bereitzustellen.

Die Kirchen selbst waren nicht heizbar. Jedoch erschien es allen Beteiligten besser, ein Kind auch unter Gesundheitsgefahr zu taufen, als es ungetauft sterben zu lassen. Luther hat sich später in einer seelsorgerlichen Schrift gerade mit diesem Problem auseinandergesetzt, lehrte doch die Tradition, daß ein ungetauftes Kind unmöglich in den Himmel kommen könne.

Als Paten bat der stolze Vater Justus Jonas, Lucas Cranach und die Frau des Wittenberger Bürgermeisters Hohndorf. Den Hof vertrat der kursächsische

Lucas Cranach, Altarbild der Stadtkirche Wittenberg, Öl auf Holz 1547, Ausschnitt. Obwohl Philipp Melanchthon, der kein Geistlicher war, nie getauft hat, zeigt das Bild doch deutlich, wie Neugeborene getauft wurden.

Vizekanzler Christian Beier, Luthers Heimat der Mansfelder Kanzler Müller. Nicht anwesend konnte der Straßburger Nicolaus Gerbel sein. Offensichtlich fand Luther an seiner neuen Vaterrolle Gefallen. In Briefen wird Hans Luther erwähnt als ein hungriges und durstiges Kindchen. Ende Oktober 1527 brechen bei ihm die ersten Zähne durch, was er mit einer zwölftägigen Krankheit quittiert. Zur selben Zeit erzählt Luther in einem Brief an Justus Jonas von seinem unrühmlichen und gewaltsamen Abgang ins Bett, nachdem er jede Zimmerecke mit einem Haufen dekoriert hatte. Jonas sandte ihm für diese Heldentat einen „silbernen Hansen", also ein Geldstück mit dem Bild Kurfürst Johanns. Im Sommer 1528 erhielt er von Nicolaus Hausmann eine Klapper.

Auf Johannes, der seinen Namen wohl nicht nach Bugenhagen, sondern nach Luthers Vater empfing, folgte am 10. Dezember 1527 Elisabeth, von der wir eigentlich nur wissen, daß sie schon am 3. August 1528 starb. Ihr schlichter Grabstein stand auf dem neuen Friedhof außerhalb der Stadt. Zum ersten Male begegnete Katharina nun selbst einer der Geißeln des 16. Jahrhunderts, der hohen Säuglingssterblichkeit. Zwar gibt es keine absoluten Zahlen, seriöse Schätzungen besagen jedoch, daß jedes dritte Neugeborene das erste Lebensjahr nicht vollendete. Außer diesem Grunde vermutet man auch ein anderes Verhältnis der Eltern zu ihren ganz kleinen Kindern, das sich durch eine größere Distanz auszeichnete, während die gefühlsmäßige Bindung auch bei der Mutter erst langsam heranreifte. Zumindest findet sich über den Tod der kleinen Elisabeth bei Luther nur die knappe Bemerkung, sie habe es jetzt besser im Himmel. Von Katharina wissen wir in diesem Zusammenhang nichts. Der Tod der zwölfjährigen Magdalena Luther 1542 stürzte die Eheleute dagegen in eine tiefe Krise.

Die am 4. Mai 1529 geborene Magdalena, benannt nach Ka-

Silbertaler mit dem Bild Kurfürst Johanns, nach 1525. Einen solchen „Hans" dürfte Justus Jonas an Luther gesandt haben.

tharinas Tante, gehörte von Anfang an zu Luthers Lieblingen. Die Namensgebung verrät, welch große Rolle Magdalena von Bora, meist Muhme Lene genannt, im Haushalt spielte. Die Versorgung der Kinder scheint eine vorrangige Aufgabe der ehemaligen Leiterin des Klosterkrankenhauses von Marienthron gewesen zu sein. Katharina ließ von der kleinen Magdalena ein Bild anfertigen, vielleicht durch Lucas Cranach, das sie Luther 1530 auf die Coburg schickte. Der fand es zwar anfänglich zu dunkel geraten, hängte es dann jedoch in seinem Wohnraum auf. Die Erwähnung dieses Bildes in einem Brief von Veit Dietrich vom 19. Juni 1530 führte schon im 17. Jahrhundert dazu, das in der Lutherhalle Wittenberg befindliche Gemälde eines jungen Mädchens mit dem Coburg-Bild zu identifizieren, ohne daran zu denken, daß das Coburger Bild einen dreizehn Monate alten Säugling darstellte.

Vom mehrmonatigen Coburg-Aufenthalt Luthers datieren insgesamt fünf erhaltene Briefe an Katharina sowie einer an den nun vierjährigen ältesten Sohn. „Mein herzlieber Sohn, ich sehe gern, daß du wohl lernst und fleißig betest. Tue also mein Sohn und fahre fort. Wenn ich heim komme, will ich dir ein schönes (Geschenk vom) Jahrmarkt mitbringen. Ich weiß einen hübschen, schönen, anmutigen Garten. Da gehen viele Kinder hinein, sie haben goldene Röcklein an und sammeln schöne Äpfel unter den Bäumen, und Birnen, Kirschen, Zwetschgen und Pflaumen. Singen, springen und sind fröhlich. Haben auch schöne kleine (Stecken)pferde mit goldenen Zäumen und silbernen Sätteln. Da fragte ich den Mann, dem der Garten gehörte, wer die Kinder wären. Da sprach er: Es sind die Kinder, die gern beten, lernen und fromm sind. Da sprach ich: Lieber Mann, ich habe auch einen Sohn, heißt Hänsichen Luther, könnte er nicht auch in den Garten kommen, damit er auch solche feinen Äpfel und Birnen essen möchte und solche feinen Pferdlein reiten und mit diesen Kindern spielen? Da sprach der Mann: Wenn er gern betet, lernt und fromm ist, so soll er auch in den Garten kommen. Lippus und Jost auch. (Gemeint sind die jeweils ein Jahr älteren Söhne von Philipp Melanchthon und Justus Jonas, die die Vornamen ihrer Väter trugen.) Und wenn sie alle zusammenkommen, so werden sie auch Pfeifen, Paucken, Lauten und allerlei andere Instrumente haben, auch tanzen und mit kleinen Armbrüsten schießen ... Darum lieber Sohn Hänsichen lerne und bete ja getrost und sage es

Lippus und Josten, das sie auch lernen und beten. So werdet ihr zusammen in den Garten kommen."

Die erwähnten Kinderspiele, wenn auch ohne Vergoldung, dürfte es im Lutherhaus wirklich in schlichterer Form gegeben haben. Ebenso ist sicher, daß Obst in der Begehrlichkeit der Kinder weit oben stand anstelle heutiger Süßigkeiten, da Zucker aus Indien importiert werden mußte und dementsprechend teuer war. Trotzdem ließ Luther aus Nürnberg eine Tafel Zucker in Buchform an seinen Sohn übersenden.

Auffällig ist die wiederholte Betonung des Betens und des Lernens. Man könnte in der Tat darin die Zusammenfassung aller pädagogischen Überzeugungen Luthers erkennen. Das wiederholte „Frommsein" entspricht in der Bedeutung unserem „artig sein, sich wohl verhalten." Obwohl Hans Luther erst vier Jahre alt war, besaß er doch in Hieronymus Weller seinen eigenen Lehrer. Am 8. Juni 1533 wurde der Siebenjährige dann formell an der Universität eingetragen. Zwar hatte Luther in seiner Ratsherrenschrift 1524 behauptet, daß moderne Lehrmethoden und ein humanistisch geprägter Lernstoff die Schulzeit erheblich verkürzen würde, jedoch scheint er bei seinem eigenen Sohn die konservativere Lernweise, die so früh wie möglich begann, bevorzugt zu haben.

Vom Coburger Briefwechsel sind mehrere Briefe Luthers sowie die gesamte Korrespondenz Katharinas verloren gegangen. Trotzdem erfahren wir noch einige interessante Einzelheiten. So unterhielt sich Luther bei einem Besuch der Argula von Grumbach mit ihr über die beste Methode, das Stillen der Säuglinge zu beenden. Man sollte allmählich damit beginnen, teilt er seiner Gattin mit. Inwieweit sie hierin beim dritten Kind noch Ratschläge bedurfte, scheint offen. Nur muß betont werden, daß entgegen aller modernen Spekulationen die einzig bekannte Form einer Empfängnisverhütung eine Verlängerung der Stillperiode darstellte, sei es, weil dies die Fruchtbarkeit tatsächlich verringerte, sei es, daß ehelicher Verkehr während der Stillperiode gegen die guten Sitten verstieß. Überblickt man die Geburtsdaten der Kinder, so fällt auf, daß dazwischen ein ziemlich regelmäßiger Abstand von 18 bis 20 Monaten liegt, was auf eine Stillperiode von unter einem Jahr hindeutet.

Am 9. November 1531 wurde Martin Luther junior geboren, von seinem Paten sind nur der Burggraf von Dohna und der kurfürstliche Kämmerer Johannes Rietesel bekannt. Ihm folgte Paul Luther in der Nacht vom 28. zum 29. Januar

1533, der am selben Tage auf dem Schloß die Taufe erhielt. Als Gevattern kommen diesmal der jüngere Bruder des Kurfürsten Johann Friedrich, Herzog Johann Ernst, der kurfürstliche Erbmarschall Hans Löser sowie Jonas, Melanchthon und die Gattin des Arztes Kaspar Lindemann zusammen. Das Nesthäkchen bildete die am 17. Dezember 1534 geborene Margarethe, nach Luthers Mutter benannt. Pate standen der Fürst Joachim von Anhalt, vertreten durch Nicolaus Hausmann, und Dr. Jacob Propst. Es fällt auf, daß die jüngeren Kinder in den Quellen deutlich seltener Erwähnung finden als ihre älteren Geschwister. Von Martin junior berichtet der Vater seinen Eigensinn und äußert früh die Befürchtung, er könne einmal Jurist werden, weswegen er ihn lieber an einen Galgen hängen würde. Paul und Martin, die Kleinen gegenüber Johannes mit seinen Freunden, wuchsen gemeinsam auf, spielten mit hölzernen Schwertern und Steckenpferden, mit Armbrüsten, Trommeln und Pfeifen. Ihr bester Spielgefährte scheint Luthers Hund Tölpel, wohl eine Spitzmischung, gewesen zu sein.

Die Zurückhaltung der Quellen begründet sich neben einem gewissen Gewöhnungseffekt mit dem Fortschritt von

Carl August Schwerdgeburth, Luther im Kreise seiner Familie, Stahlstich 1843. Zu Luthers Zeit gab es noch keine Weihnachtsbäume, jedoch blieb die Erinnerung an sein Familienleben über die Jahrhunderte lebendig.

Luthers Alter. Schon auf der Coburg klagte er, daß die neue Brille, die ihm der Wittenberger Goldschmied Christian Döring besorgt hatte, gar nichts nütze. Er sehe nicht einen Stich. Neben der Altersweitsichtigkeit plagten ihn verschiedene akute und chronische Beschwerden. Dazu kam die enorme Arbeitsbelastung.

So verwundert es nicht, daß Bemerkungen über die Kinder sich zumeist in einem theologischen Rahmen finden. Eine der bezeichnendsten enthält die Antwort auf die Frage eines Schülers, wie man Gott zugleich fürchten und lieben könne. „Wenn mein kleiner Sohn ausnahmsweise in meinem Arbeitszimmer spielen darf, so beginnt er leise vor sich hinzusingen. Wird er zu laut, schaue ich ihn drohend an und sofort senkt er die Stimme. So liebt und fürchtet er mich zugleich." Luther war bei der Geburt seines ersten Kindes 43, bei der Geburt seines letzten 51 Jahre alt. Dabei hatte er die Hälfte seines Lebens als Junggeselle im Kloster verbracht. Nimmt man seine theologische Grundüberzeugung hinzu, daß das Elternamt von Gott eingesetzt sei, so verwundert ein Abstand zu den Kindern nicht.

Daß die Pädagogik jener Zeit ohne körperliche Strafen nicht auskam, war vor allem biblisch begründet. Die Weisheit Salomos, wer die Rute schont, schade seinem Sohn, war in aller Munde. Luther hat allerdings immer wieder für eine vernünftige Anwendung dieses Satzes plädiert, wenn er feststellt, daß der Apfel neben der Rute liegen muß, also Belohnung und Bestrafung sich die Waage halten sollen. In diesem Zusammenhang finden sich Erinnerungen an seine eigene Kindheit, wonach er in der Schule mehrmals „gestrichen" wurde, weil er etwas aufsagen sollte, was die Klasse noch gar nicht gelernt hatte. Auch habe ihn sein Vater „wegen einer geringen Nuß" bis aufs Blut gestäupt. Gegenüber solchen Erfahrungen stellt Luther fest, daß die Strafe dem Vergehen angemessen sein müsse. Kleine Obstdiebereien sollten anders bestraft werden als die Wegnahme von Bargeld. Umgekehrt bemerkt er einmal: „Ich will lieber einen toten Sohn als einen ungehorsamen haben." Mit Hans war er einmal so verstimmt, daß er drei Tage nicht mit ihm sprach.

Dahinter steht Luthers theologisches Erziehungsverständnis. Die Einwirkung der Eltern entscheiden nicht nur über den Lebensweg des Kindes in dieser Welt, sondern auch über sein Heil im Jenseits. Elterliche Verantwortung ist also besonders groß. Katharina scheint in den unausbleiblichen Konflikten eine vermittelnde Rolle gespielt zu haben. Daß sie an ihren Kindern hing, steht fest, obwohl die Quellen dies selten ausdrücklich bezeugen. Das mag auch daran liegen, daß sie sich frühzeitig um ihre Neffen und Nichten kümmern mußte.

Nach dem Tode von Luthers Vater im Mai 1530 kam es zwei Jahre später zur Erbteilung. Daraus geht hervor, daß Luther neben seinem Bruder Jacob noch mindestens drei erwachsene Schwestern gehabt haben muß, deren Vornamen nicht überliefert sind. Alle drei waren verheiratet, aber die Ehemänner zumindest in zwei Fällen schon verstorben. Zu verschiedenen Zeiten nahm Luther deren Kinder bei sich auf. So lassen sich Andreas, Cyriakus, Fabian, Georg, Else und Lene Kaufmann nachweisen, die als Vollwaisen ins Schwarze Kloster kamen. Cyriakus begleitete Luther 1530 auf die Coburg. Von Luthers zweiter Schwester sind Hans Pollner und seine zwei Schwestern bezeugt, von Luthers Bruder Jacob ein Sohn Martin. Von Katharinas Seite schließlich wohnte eine zeitlang eine Anna Strauß bei ihr sowie 1542 ihr Neffe Florian von Bora.

Neben ihren eigenen Kindern hatte Katharina also alle Hände voll zu tun, deren Erziehung zu gewährleisten. Im Winter 1540 starb sie fast an einer Fehlgeburt und brauchte mehr als acht Wochen, um wieder auf die Beine zu kommen. Im Gegensatz zu Luthers Kränklichkeit im fortschreitenden Alter muß sie von robuster Gesundheit gewesen sein. Die Erwähnung der Fehlgeburt ist jedoch deswegen so interessant, weil sie verdeutlicht, daß die Schwangerschaft zum Normalzustand einer Frau des 16. Jahrhunderts gehört haben dürfte, auch wenn dies nicht ausdrücklich berichtet wird. Leider fehlen alle Hinweise auf eine eigene Wertung ihres Lebens. Als Luther im Scherz einmal meinte, ob sie denn nicht ins Kloster zurückkehren wolle, antwortete die Muhme Lene in höchster Erregung mit Nein. Ähnliches ist von Katharina weder positiv noch negativ zu hören.

Das ganze Haus (1535-1540)

Das Bild Martin Luthers von der Gesellschaft war statisch, da er sie als gottgeschaffen sah. Politik, Kirche und Hauswirtschaft bildeten die Säulen, die jeweils Betätigungsbereich von Adel, Klerus und Bürgerschaft darstellten. Nur in der Ökonomie fanden Frauen einen Platz, die anderen Felder blieben ihnen verschlossen. Die Wirksamkeit der Frau beschränkte sich nach innen, ihr Aufgabenbereich war das ganze Haus.

Allerdings muß hier ein modernes Mißverständnis abgewehrt werden, da die Hausfrau der Gegenwart wenig gemein hat mit Luthers „ehelichen haußfraw", die er in Briefen mit diesem Ehrentitel anredet. Denn das ganze Haus umfaßte keineswegs nur den eigentlichen Bereich des Familienlebens und der Freizeitgestaltung. Vielmehr beinhaltete es auch den Arbeitsort sowie die Bereiche der Daseinsfürsorge, die sich im 16. Jahrhundert viel weiter erstreckte, als man dies heutzutage kennt. Neben den Einkünften an barem Geld, die für Luther seit 1536 immerhin 300 Gulden betrugen, erhielt er Naturalien als Teil seines normalen Einkommens. Diese bedurften der weiteren Bearbeitung, ehe sie verwendet werden konnten. Brennholz mußte gesägt und gehackt werden, bevor es in den Ofen wanderte; Getreide gemahlen oder geschrotet werden, bevor es zu Brot verbacken wurde. Auch das gelieferte Malz konnte nicht sofort zu Bier verbraut werden. Die Fülle und Verschiedenartigkeit der wirtschaftlichen Aufgaben lassen Katharina, modern gesprochen, als Leiterin eines mittelständischen Betriebes mit niedriger Fertigungstiefe erscheinen. Dabei entwickelte sich die eigene Haushaltung aus bescheidenen Anfängen. Obwohl ohne ausreichende Erfahrung, scheint Katharina den ihr zugewiesenen Lebensbereich energisch und selbständig in Angriff genommen zu haben. Der Wahrheitsgehalt der Behauptung im Rückblick Nicolaus von Amsdorfs, sie habe „den Doktor übel mit Essen und anderem versehen und mehr auf eigenen Nutzen getracht", bleibt umstritten. Glaubwürdig ist der Katharina in den Mund gelegter Satz: „Ich muß mir den Doktor anders gewöhnen, damit er es macht, wie ich es will."

Das Schwarze Kloster erwies sich anfänglich als wenig geeigneter Wohnort. Betrachtet man die hohen und weitläufi-

Das schwarze Kloster, Stahlstich des 19. Jahrhunderts. Das Bild ist anachronistisch, da der Treppenturm in der Mitte erst nach Luthers Tod angebaut wurde.

gen Räume, läßt sich noch heute erahnen, welche praktischen Schwierigkeiten sich bei der Beheizung und Reinigung auftaten. 1525 verzeichnen die Wittenberger Ratsrechnungen die ersten Ausgaben für Kalk zum Anstrich im Lutherhaus von 16 Groschen. Auch der vernachlässigte Klostergarten wurde wieder hergerichtet, wozu sich Luther von seinen Freunden wiederholt Samen seltener Gemüsesorten, wie Kürbisse und Melonen, erbat. Schließlich grub man einen neuen Brunnen.

Am 4. Februar 1532 übertrug Kurfürst Johann Luther das Schwarze Kloster in einer förmlichen Urkunde, die sein Sohn Johann Friedrich am 6. März 1536 bestätigte. Luther erhielt das Haus zum freien Eigentum ohne alle Abgabenlasten, jedoch mit der Erlaubnis, Bier zu brauen und Malz herzustellen sowie Vieh zu halten. Der Kurfürst behielt sich lediglich ein Vorkaufsrecht bei einem Eigentümerwechsel vor. Nach der Neudotierung von Luthers Stelle stabilisierte sich ab 1536 das Haushaltseinkommen. Wahrscheinlich blieb Luthers Haus bis an sein Lebensende eine Baustelle. Wenigstens sprechen die Lieferungen von Kalk, Ziegeln und Dachsteinen zwischen 1535 und 1540 dafür. Luther klagte schon im Januar 1533: „Ich lebe wohl in einem großen Haus, allein ich wäre lieber frei davon." 1552 nach Katharinas Tod behauptete der oft gut unterrichtete Nicolaus von

Amsdorf: „Vor allem hat sie dem Doktor darin nicht folgen wollen, daß er das Kloster verkaufte und dafür eine bessere und wohnlichere Behausung hätte kaufen und bauen mögen, was auch der Kurfürst gern gesehen hätte und wozu er große Beihilfen anbot. Aber ihr machte es mehr Freude, im Kloster viele Stuben und Kammern auszubauen und daraus jährlich viel Miete zu beziehen." Der letzte Halbsatz ist zwar erweislich falsch, aber warum sollte von Amsdorf nicht grundsätzlich im Recht sein mit der Behauptung, Katharina habe am Wirtschaften in großen Dimensionen Gefallen gefunden. Sicher ist, daß Luther, der von Frauen im öffentlichen Leben nichts wissen wollte, ihre Führungsposition im Haus hoch achtete.

Neben den baren Einkünften erhielt Luther seit 1536 100 Scheffel Korn, 100 Scheffel Malz für zwei Gebräude Bier, hundert Klafter Holz und zwei Fuder Heu. Allerdings verbrauchten die zahlreichen Bewohner des Schwarzen Klosters erheblich mehr Bier. 1540 mußte Luther wochenlang seinen „Haustrank" entbehren, da nicht gebraut werden konnte und auch kein Geld vorhanden war, um Bier zu kaufen. Katharina bereitete üblicherweise das sogenannte Kofent oder Klosterbier zu, das normalerweise nicht gern getrunken wurde, jedoch loben die Zeitgenossen ihr Gebräu. Allerdings ließ man es stehen, konnte man besseres wie Torgauer oder Einbecker bekommen. Wein mußte importiert werden, das einheimische Gewächs vom Apollensberg galt wohl zurecht als saurer Krätzer. Die bedeutsame Rolle des Bieres im Haushalt erklärt sich weniger durch die weit verbreitete Trunksucht, - die gab es sicherlich, wenn auch nicht im Hause Luthers -, sondern durch seine vielfältigen Anwendungsmöglichkeiten. Andere Getränke waren rar. Milch gaben Haustiere nur, wenn sie selber Junge hatten, sie wurde für die Kinderernährung gebraucht. Aus Erfahrung wußte man, wie unzuträglich der Wassergenuß sein konnte, auch wenn man die Zusammenhänge zwischen Abwässergruben und nahen Brunnen noch nicht wissenschaftlich erklären konnte. Zur Konservierung von Fruchtsäften hätte man schließlich im größeren Umfange Zucker gebraucht, der als teurer Importartikel nur ausnahmsweise zur Verfügung stand. Das Klosterbier enthielt nur einen geringen Alkoholanteil, der sich bei der Zubereitung von Getreidesuppen als eigentlicher Nahrungsgrundlage außerdem verflüchtigte.

Luther selbst liebte eine „reine, gewöhnliche Hausspeise", also die allgemein üblichen Gerichte ohne exotische Zutaten und besondere Gewürze. Überliefert ist, daß er nach einer heftigen Blasensteinattacke zum Entsetzen der Ärzte ein Gericht Erbsen mit Senf und einen Brathering verlangte und verzehrte. Hülsenfrüchte spielten als Eiweißlieferanten eine wichtigere Rolle als heute. Roggen, Weizen, Hirse und Buchweizen wurden verbacken oder kamen als Suppe auf den Tisch. Kraut und Kohl jeder Art sowie Grütze und Graupen schätzte man. Möhren, Rüben und Rettiche gehörten zu den Gemüsen, die sich längere Zeit aufbewahren ließen. Obst vertrat die Süßigkeiten. An erster Stelle kamen Weintrauben und Pfirsiche, aber auch die verschiedenen Apfel- und Birnensorten waren beliebt. Die Kirschernte beging man im Hause Luther mit einem fröhlichen Fest. Für heutige Geschmäcker ungewöhnlich war der hohe Verbrauch an Zwiebeln. Einheimische Küchenkräuter wie Kümmel, Majoran und Minze gehörten zum Alltag, Pfeffer und Zimt blieben der Festtafel vorbehalten. Den subtropischen Safran baute Katharina mit Erfolg selber an. Versuche mit Maulbeeren und Feigen blieben weniger erfolgreich.

Gern und oft wurde Fisch gegessen. Grüne und eingesalzene Heringe sowie gedörrter Stockfisch bezog man regelmäßig aus dem skandinavischen Raum, eine der seltenen Ausnahmen der sonst üblichen Versorgung aus der unmittelbaren Umgebung. Ein Fischzug im Faulen Bach im Herbst 1533 lieferte Forellen, Hechte, Schmerlen, Kaulbarsche und Karpfen. Aus der Elbe kamen, wenn auch nur zu Festtagen, Lachse, Stör und Krebse. Natürlich wurde auf dem Klosterhof auch Vieh gehalten. Die Errichtung von Schweine-, Pferde- und Kuhstall kostete 20 Gulden. Im Spätherbst 1527 starben zeitgleich mit einer umlaufenden Seuche fünf Schweine. Für den 26. März 1542 anläßlich einer Steueraufstellung gab Luther an:

8 Schweine zu je 1 Gulden,
2 Mutterschweine, zusammen 5 Gulden,
3 Ferkel zu je 7 Groschen,
5 Kühe zu je 3 Gulden
9 große Kälber zu je 2 Gulden und
1 Ziege mit 2 Zicklein im Wert von 2 Gulden gesamt.

Die außerdem gehaltenen Pferde befanden sich zu dieser Zeit nicht in Wittenberg. Die Ziegenhaltung war eigentlich durch ein Edikt Johann Friedrichs zum Schutze der neu angelegten und bepflanzten Festungswälle auf ein Tier pro Haushalt beschränkt. Dagegen hatte Katharina Melanchthon geklagt, der der Kurfürst im November 1542 eine Sondergenehmigung für drei Ziegen erteilte, die sich offenbar auch auf Luthers Familie bezog. Die Ziegen wurden jeden Tag durch einen von der Stadt besoldeten Hirten vor das Tor getrieben. Ob die Wittenberger Bürger über die Sonderrechte der Professorengattinnen erfreut waren, darf mit Recht bezweifelt werden. Nicht aufgeführt, aber sicherlich vorhanden auf dem Lutherhof, war das Geflügel. Neben Hühnern, Gänsen und Enten gab es Tauben und vielleicht einen Pfau. Kleinere Singvögel, die als Leckerbissen galten, fing Luthers Gehilfe Sieberger mit Netzen auf einem sogenannten Finkenherd.

Das vorhandene Vieh gewährleistete keineswegs tägliche Fleischnahrung. Traditionell wurde im Herbst ein Teil geschlachtet, da man nicht genügend Winterfutter hatte, wobei das Fleisch gepökelt, geräuchert und gedörrt wurde. Anders als heute galt möglichst fettes Fleisch als Genuß, da die Versorgung mit tierischem Fett in der Ernährung verhältnismäßig knapp war. Als Geschenk der Fürsten kam zu hohen Festen oder bei Familienfeiern auch Wildbret auf den Tisch.

Hans Sebald Beham, Die Heimkehr des verlorenen Sohnes, Kupferstich 1540. Realistisch wird das Schlachten eines Kalbes dargestellt. Üblicherweise kam Fleisch nur bei festlichen Anlässen auf den Tisch.

Die Jagd gehörte zu den traditionellen Vorrechten des Adels, Wildfleisch gelangte deswegen in der Regel nicht in den Handel.

Neben den Viehställen standen auf dem Lutherhof das Brauhaus mit seinen kupfernen Pfannen und ein Waschhaus. 1541 ließ sich Luther eine Badestube mit Wanne einbauen, deren Boden mit Sandsteinplatten aus Pirna belegt wurde. Die intensivste Bautätigkeit am Schwarzen Kloster entfaltete Luther zwischen 1536 und 1540. Die Neueindeckung des Daches kostete 130 Gulden. Am 12. Juli 1532 brach nachmittags der neu hergerichtete große Keller zusammen und erschlug um ein Haar Luther und Katharina. Mitsamt dem Neuaufbau kostete dies 130 Gulden. Der Aushub eines weiteren Kellers betrug mit Arbeitslohn 50 Gulden. Vier kleine Stuben, die im Gegensatz zu den nicht heizbaren Kammern einen Ofen enthielten und für die Muhme Lene, Hans Luther und zwei ältere Studenten bestimmt waren, verschlangen jeweils 5 Gulden. Für 100 Gulden ließ Luther seine heute noch original vorhandene Wohnstube anlegen zusammen mit einer dahinterliegenden Kammer, die ihm als Schlafraum diente.

Blick in die original erhaltene Lutherstube, die nach 1535 angelegt wurde.

Warum er diesen nach Norden liegenden Raum wählte, blieb unklar, will man nicht annehmen, daß dahinter Katharinas Idee stand, einen hervorragenden Überblick über den Hof vom Fenster aus zu haben. Die nordwestliche Raumflucht im ersten Oberstock bildete also das Wohnquartier, unter dem die Küche lag. Sie war vielleicht durch eine Zugtreppe mit dem westlichsten Raum des Obergeschosses verbunden, während die eigentliche Treppe am Ostgiebel des Gebäudes lag. Der heutige Treppenturm in der Mitte der Nordseite entstand erst nach 1565. Gewöhnlich fanden die Mahlzeiten der Familie im ehemaligen Refektorium im Erdgeschoß statt, das von der Küche in einer Ebene zu erreichen war. Nach dem Essen zog sich Luther mit seinen Freunden zu Gesprächen in die Wohnstube zurück, oft war Katharina dabei. Dabei ging es manchmal so eng zu, daß die Studenten, die Luthers Tischgespräche notierten, im Stehen schreiben mußten. Wieviel Mitglieder der Haushalt eigentlich hatte, ist unbekannt. Neben den Kindern und Pflegekindern gehörte eine wechselnde Anzahl von Studenten dazu, die mit ihren Lehrern bei Katharina in Kost und Logis

standen. Im Oktober 1534 überwarf sich Veit Dietrich mit Luthers Frau wegen des Kostgeldes und verließ das Haus mit seinen Studenten. Zwar verband ihn mit Luther

Johannes Aurifaber, Tischreden Martin Luthers, Frankfurt/M. 1568. Die in der Lutherstube nach Tisch gehaltenen Gespräche wurden von verschiedenen Studenten mitgeschrieben und später veröffentlicht. Sie bilden eine wichtige Quelle für unsere Kenntnis von Luthers Alltags- und Familienleben.

eine enge Freundschaft, trotzdem achtete Katharina genau auf das ihr zustehende Geld, was Dietrich offensichtlich nicht gefiel. Auch die Zahl der Dienstboten kennen wir nicht. Kutscher und ein Schweinehirt Johann sowie die Köchin Dorothea sind namentlich bekannt. 1538 erschlug ein Tagelöhner in Katharinas Diensten im Vollrausch einen Wittenberger Bürger und mußte aus der Stadt fliehen. 1541 fiel das Ehepaar auf eine Betrügerin herein, die sich als eine geflohene Nonne namens Rosina von Truchseß ausgab, in Wirklichkeit aber die Tochter eines hingerichteten aufständischen Bauern aus Frankenhausen war. Luther beklagte ihre kriminelle Energie und ihre moralischen Verfehlungen. Ein ähnlicher Fall ereignete sich 1543. Insgesamt wird man wohl mit etwa zehn Dienstboten rechnen müssen, die teils fest angestellt im Haus wohnten, teils als Tagelöhner zur Arbeit kamen. Luther sah wohl etwas richtiges, wenn er bemerkte: „Knechte und Mägde haben es besser als ihre Herren und Frauen, denn sie haben keine Haussorge, sie verrichten und tun nur ihre Arbeit." An Katharina schrieb er nach der Aufregung um die falsche Rosina: „Eine vortreffliche Gabe ist ein reiner und treuer Diener, aber ein seltener Vogel auf Erden." Rechnet man zu den Angestellten die Verwandten Luthers und Katharinas, lang- und kurzfristige Besuche

Eingangstür zum Lutherhaus aus Pirnaer Sandstein von 1540. Sogenanntes Katharinenportal

sowie die Studenten mit ihren Lehrern, so verwundert nicht, daß der Wittenberger Georg Helt 1542 dem Fürsten Georg von Anhalt dringend abriet, sich im Lutherhaus einzuquartieren, da dort ein solcher Trubel herrsche, daß man unmöglich ruhig arbeiten könne. Luther selbst fand solche Ruhe nur dadurch, daß er sein Arbeitszimmer im heute verschwundenen Fachwerkturm an der Südwestecke des Klosters beibehielt. Einen gewissen Abschluß der Bauarbeiten bot die Errichtung des nach Katharina benannten Eingangsportals, das Luther seiner Gattin 1540 schenkte. Der Torbogen wurde in Einzelteilen aus Sandstein in Pirna hergestellt und dann die Elbe hinabgeflößt. Bei der Bestellung übrigens legte Luther dem Brief einen Faden bei, dessen mehrfache Länge der gewünschten Torbreite entsprach, da ein gemeinsames Längenmaß noch unbekannt war und sich von Stadt zu Stadt unterschied.

Wunderliche Rechnung gehalten zwischen Doktor Martinus und Käthe

Es ist erstaunlich, daß Katharina bei dieser Arbeitsbelastung der Sinn nach weiteren landwirtschaftlichen Flächen stand, schließlich trug sie allein die Verantwortung für die Haushaltorganisation. Schon 1526 hatte sie Luther zum Kauf eines Gartens überredet, der aber wieder rückgängig gemacht werden mußte. Anfang der 30er Jahre kaufte Luther dann für 90 Gulden einen kleinen Garten im Eichenpfuhl vor dem Elstertor. Einem Freund erklärte er dazu, er habe dies keineswegs aus eigenem Antrieb getan, sondern vielmehr auf die Bitten und Tränen seiner Frau hin. Es gibt keinen Grund, diese Nachricht zu bezweifeln und so zeigt sich hier bei der Suche nach Landerwerb ein ganz eigener Zug von Katharinas Charakter, der sich nicht nur von ihrem Gatten ab-, sondern sich auch gegen ihn durchsetzte. Der Wunsch, immer weitere Flächen zu besitzen, wurde in den Folgejahren förmlich zur Sucht. Die aufzuwendenden Mittel stießen öfter an die Grenzen von Luthers Möglichkeiten. Der im April von dem Bildschnitzer Klaus Heffner gekaufte

Garten mit kleinem Haus, Scheune und Feld, an der Zahnaer Straße gelegen, zeigt das eindrücklich, kostete er doch 900 Gulden, also drei Jahresgehälter. Das Grundstück wurde vom Faulen Bach durchflossen. Heffner, der 1539 starb, behielt sich ein Wohnrecht auf Lebenszeit vor. Bis auf 17 1/2 Gulden, die er sich vom Rat lieh, scheint Luther aber in der Lage gewesen zu sein, den Kaufpreis zu begleichen. Die Grundsteuer, der sogenannte Schoß, kostete Luther nun jährlich zusätzlich 6 Groschen.

Einen dritten Garten konnte Luther 1544 „bei der Specke vor dem Elstertor" von Jakob Geheman kaufen. Im selben Jahr erwarb er noch für 17 Gulden einen Acker von Andreas Heusendorf, der an seinen ersten Garten angrenzte. Schon 1541 hatte Luther das auf dem Klosterhof stehende Haus des ehemaligen Klosterverwalters Bruno Bauer übernommen, der als Pfarrer nach Dobien ging. Vom Kaufpreis von 430 Gulden konnte Luther nur eine erste Rate aufbringen. 1549 war er noch immer nicht vollständig beglichen. Dabei mußten an dem baufälligen Häuschen noch 70 Gulden für Reparaturen investiert werden. Luther hatte es wohl als Witwensitz für seine Gattin vorgesehen.

Der Beweis, daß sich hinter Luthers Aktivitäten beim Grunderwerb Katharina verbarg, liefert einer der wenigen erhaltenen Briefe von ihr selbst. Schon 1536 versuchte sie, das 3 1/2 Hufen große Vorwerk Boos, eine Meile südlich von Wittenberg in der Elbaue gelegen, zu pachten. Dazu hatte sie Luther um Vermittlung beim kurfürstlichen Kanzler gebeten, die sich jedoch zerschlug. Drei Jahre später, als die Verpachtung erneut anstand, wandte sie sich an den Landesrentmeister Johann von Taubenheim als ihren Gevatter mit einem Brief: „Ich bin aber unterrichtet, daß der Wirt von Pratau, welcher bis jetzt (das Gut) innegehabt hat, es jetzt freigegeben haben soll. Wenn es sich so verhält, so ist es meine freundliche Bitte an euch als meinen Gevatter, daß ihr mir zu diesem Gut verhelfen möchtet für dieselbe Pacht, die ein anderer gibt ... Bitte ganz freundlich euer Gnaden wolle mir Euer Gemüt wieder schreiben ... und denen nicht stattgeben die argwöhnen, als würde ich dieses Gut für mich und meine Kinder erblich begehren, welcher Gedanke in mein Herz nie gekommen ist. Hoffe zu Gott, er werde meinen Kindern, so sie leben und sich fromm und ehrbar halten, wohl ein Erbe bescheren, bitte allein, daß mir (das Gut) ein Jahr oder zwei für einen angemessene Pacht überlassen werde, damit ich meinen Haushalt und Vieh desto bequemer erhalten möchte, weil man alles allhier aufs teuerste erkaufen muß und mir solcher Ort, der nahe gelegen, sehr nützlich sein würde."

Es folgen Hinweise, daß sie ihren Gatten mit der Angelegenheit nicht beschweren wolle und die Bitte um absolute Geheimhaltung. Der Brief stellt ein treffliches Dokument für die Eigenständigkeit der wirtschaftlichen Bestrebungen Katharinas dar. Der von ihr erwähnte Argwohn, dem von Taubenheim nicht glauben soll, belegt darüber hinaus, daß diese Ausweitung ihrer wirtschaftlichen Tätigkeit von manchen Zeitgenosssen mit abgrundtiefem Mißtrauen verfolgt wurde. An deren Spitze stand der kurfürstliche Kanzler Georg von Brück, der nach Luthers Tod zu den erbittertsten Kritikern Katharinas gehörte und behauptete, sie habe das Gut zu einem „liederlichen", also nicht marktüblichen Zins innegehabt. Allerdings läßt sich die Frage, wie lange das geschah, nicht beantworten.

1540 erhielt Katharina schließlich die Möglichkeit, einen Rest des alten Familienbesitzes wieder an sich zu bringen. Ihr Bruder, Hans von Bora, der sich längere Zeit am Hofe des Herzogs Albrecht von Preußen aufgehalten hatte, mußte 1534 nach dem Tode seiner Stiefmutter das Gut Zulsdorf übernehmen. Er war mit der Witwe eines Herren von Seydewitz verheiratet, die allerdings auch vermögenslos gewesen zu sein scheint. Jedenfalls gelang es den beiden nicht, einen Lebensunterhalt aus dem Gut zu ziehen. Hans von Bora fand 1539 eine Anstellung als Verwalter bei den Georgennonnen in Leipzig im herzoglichen Auftrag und Luther erwarb, offensichtlich auf Drängen Katharinas, was er das „Erbdächlein" der Familie von Bora nannte. Die Entfernung von Wittenberg, fast zwei Tagesreisen, erschwerte die Bewirtschaftung. Der Kaufpreis von 610 Gulden erschien moderat, allerdings mußten in den nächsten Jahren noch etwa 600 Gulden für Reparaturen investiert werden. Möglich ist allerdings auch, daß diese Summe von 600 Gulden, die der Kurfürst stiftete, direkt in den Kaufpreis einfloß. Offensichtlich befand sich Katharina in ihrem Element. Sie verhandelte mit den benachbarten Familien, um Saatgut und Fuhrwerke geliehen zu bekommen, der Kurfürst mußte Eichenbalken und anderes Holz liefern und schließlich 1541 einen Streit mit den ansässigen Bauern über das Weiderecht zu ihren Gunsten schlichten. Luthers briefliche Anrede an die „reiche

Frau zu Zulsdorf" entbehrt nicht der Ironie und Selbstironie, da sie sich hier offensichtlich in ihrem eigenen Reich befand. Allerdings erwies sich die aufgewandte Mühe letztlich als vergeblich. Als Zulsdorf 1554 nach Katharinas Tod verkauft werden mußte, erwarb es der Wittenberger Bürgermeister Christoph Keller für 956 Gulden. Luther selber erwog 1545, von einer dienstlichen Reise nicht nach Wittenberg zurückzukehren, da ihm die Einwohner undankbar und verhärtet erschienen und sich stattdessen für den Rest seiner Tage in Zulsdorf niederzulassen, wo Katharina schon tage- und wochenlang wohnte.

Eine letzte Grundstücksangelegenheit kam erst nach Luthers Tod zur Reife. Als im Oktober 1539 der Jurist und Freund Luthers, Sebald Münster, kurz nach seiner Frau an der Pest gestorben war, nahm Luther dessen vier Kinder in seinem Haus auf. Katharina hätte aus Münsters Nachlaß gern das Gut Wachsdorf gekauft, das nördlich der Boos lag. Allerdings gelang es wiederum Georg von Brück, den Kauf zu verhindern, der nach 1546 mit Hilfe des Kurfürsten aber doch zustande kam.

Die Ausdehnung und der Wert der im Laufe der Zeit erworbenen Ländereien waren erheblich. Spätestens aber mit Zulsdorf erwiesen sich die wirtschaftlichen Möglichkeiten der Familie Luther als überdehnt, zumal dem Herrn Doktor die häufige Abwesenheit seiner Gemahlin nicht behagte, die persönliche Aufsicht für den großen Haushalt auch unerläßlich schien. Die Diskrepanz zwischen Einnahmen und Ausgaben hatte Luther schon 1536 in seiner „Wunderlichen Rechnung zwischen Doktor Martinus und Käthe" festgehalten. Danach fielen innerhalb eines Jahres 90 Gulden für Getreide an, 20 für Leinwand, 30 für Schweine und 29 für Ochsen. Nach einer langen Aufzählung zieht Luther das skeptische Fazit „Rate: wo kommt das Geld her". Es folgt eine kulturhistorisch aufschlußreiche Liste in drei Teilen. Zum ersten werden Lebensmittel und Haushaltsdinge genannt, Brot und Fische, Holz und Kohlen, Talg und Hirse, aber auch Luxuswaren wie Zucker und Reis. Danach folgen die Handwerker, wobei Luther 29 Innungen aufzählt sowie die Gaben für Geschenke, aber auch an Bettler. Schließlich finden sich Haushalts- und Wirtschaftsgegenstände erwähnt, Betten, Kochtöpfe, Schaufeln, auch eine Schubkarre. Als Refrain steht stereotyp: „Gib Geld". Den Beschluß bilden einige erbauliche Verse:

„Ich armer Mann soll halten Haus
Wo ich mein Geld soll geben aus,
Da braucht ichs wohl an sieben Ort
Und fehlet nur allweg hie und dort
Tu, wie dein Vater hat getan
Wo der wollt einen Pfennig haben
Da fand er drei im Beutel bar
Damit bezahlt er alles gar,
kein Heller wollt er schuldig sein,
so hielt er Haus und lebte fein.
Tu, wie dein Vater hat getan
Wo der sollt einen Pfennig haben,
Da mußt er borgen drei dazu
Blieb immer schuldig Rock und Schuh
Das heißt denn Hausgehalten auch
Das im Haus bleibt kein Feuer noch Rauch.

Die literarische Gestaltung selbst seiner Hausrechnung belegt, daß sich Luther mit den Einzelheiten eher spielerisch befaßte. Auf Grund seiner Prägung und Erziehung als Mönch hatte er kein reales Verhältnis zum Geld, was auch darin zum Ausdruck kommt, daß ihm Rechenfehler unterliefen. Bargeld blieb immer knapp im Hause Luthers, da er es großzügig an Bedürftige verschenkte, wobei ihm durchaus bewußt war, daß er verschiedentlich Betrügern aufsaß. Ansätze zur Sparsamkeit endeten eher katastrophal, wie 1538, als er aus Kostengründen seine Hosen selber flicken wollte, wobei ihm zur Flickengewinnung ausgerechnet das neue Sonntagsröcklein seines Sohnes Johannes unter die Finger geriet. Auch die besorgte Rechnung, wie hoch allein sein Verbrauch an Semmeln oder Bier im Jahr war, führte nicht zu irgendwelchen gravierenden Änderungen; Katharina behielt die Zügel der Wirtschaft in der Hand.

Trotz gegenteiliger Beteuerungen war Luther am Ende seines Lebens wenn nicht reich, dann doch ausgesprochen wohlhabend. In seinem Testament vom 6. Januar 1542 zählt er neben den Immobilien „Becher und Kleinode wie Ringe, Ketten, Schenkgroschen aus Gold und Silber" im Gesamtwert von etwa 1000 Gulden auf, denen nach seinem Wissen nur 450 Gulden Schulden gegenüberstünden, obwohl noch mehr dazukommen könnten. In diesem letzten Willen setzt er Katharina zur Universalerbin ein, ohne sich weiter zu kümmern, daß dies nach dem gültigen sächsischen Erbrecht unmöglich war. Denn danach stand der Ehefrau des Erblas-

sers nur die sogenannte Gerade, eine Ausstattung an Möbeln und Kleidern, zu. Schon 1538 meinte Luther in einer Tischrede, daß dadurch eine langjährige Ehefrau wie eine Magd vertrieben würde, während die Kinder, - und falls es diese nicht gab, die Verwandten des Ehemannes -, Haus und Hof behielten. Diese juristische Schlechterstellung der Ehefrau verschärfte sich noch unter den Bedingungen der Reformation, da nun auch Erbschaftsregelungen für Pfarrfrauen gefunden werden mußten. Die Zölibatsverpflichtung der alten Kirche ließ den Nachlaß eines Pfarrers in die Hände des zuständigen Bischofs, in Ausnahmefällen auch in die seiner männlichen Verwandten, gelangen. Zwar brach das alte Kirchenregiment zusammen, aber die Anerkennung der Pfarrfrauen als Ehegattinnen im juristischen Vollsinne verzögerte sich. 1539 trat Luther in einem scharfen Brief für die Erbrechte der Frau des verstorbenen Pfarrers in Neiden ein. Der hatte in Torgau ein Haus besessen, das seine Verwandten nun für sich beanspruchten. Im Frühjahr 1540 verweigerte Ernst von Schönfeld seiner Schwester Ave, die 1523 mit Katharina aus Nimbschen geflohen war, einen Anteil am elterlichen Erbe. Zwar hatte Ave keinen Pfarrer geheiratet, sondern den Torgauer Stadtarzt Basilius Axt, aber als gewesene Nonne schien sie Ernst von Schönfeld nicht erbberechtigt. Aus seiner Sicht war dies in gewisser Weise verständlich, hatte die Familie bei ihrem Klostereintritt doch eine erhebliche Summe aufbringen müssen, die auf das Erbteil zu

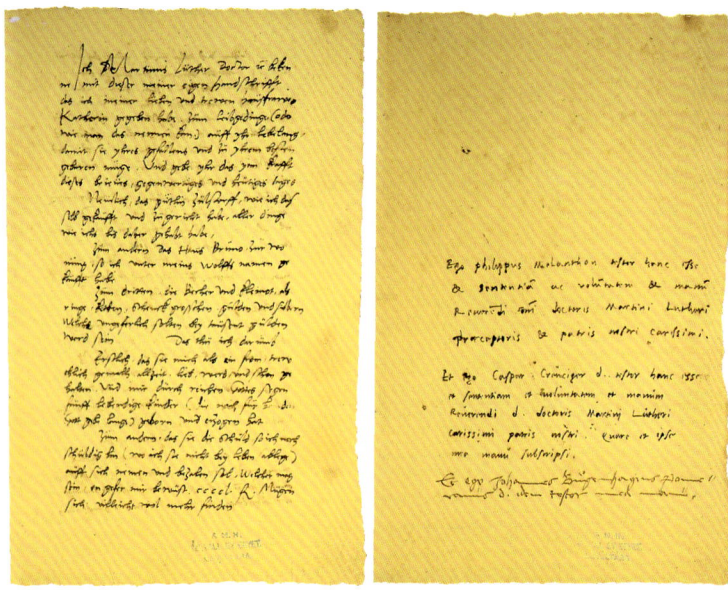

Erstes und letztes Blatt von Luthers Testament, eigenhändig mit den Beglaubigungsunterschriften von Philipp Melanchthon, Caspar Cruciger und Johannes Bugenhagen, Wittenberg 6. Januar 1542 (Original heute in Budapest)

verrechnen sei. Luther hielt dagegen, daß man „dem verfluchten Papsttum nichts aufs neue einräumen und unschuldig verführte Frauen als Nonnen zu rechnen (solle), weil solches dem angenommenen Evangelium eine große Schande und der verfluchten Klosterei eine ärgerliche Stärkung ist."

Die Bestimmung seines eigenen Testamentes zugunsten von Katharina reihen sich also in Luthers Bemühungen ein, die erbrechtliche Rolle der Frau, vor allem der Pfarrfrau, zu stärken. Gleichzeitig weist sein Testament aber noch individuelle Besonderheiten aus. Zur Umgehung der harten sächsischen Bestimmungen konnte das sogenannte Leibgedinge, das Recht, womit die Ehefrau die Nutzung, - nicht das Eigentum -, an einem bestimmten Vermögensteil des Nachlasses erhielt, unter der Voraussetzung, daß der Erblasser einen oder zwei Vormünder für die Frau bestellte, die selber nicht rechtsfähig war, zugesprochen werden. Luther nutzte nun das Leibgedinge, stellte es aber förmlich auf den Kopf. Er setzte Katharina zur Universalerbin ein und bestellte sie zum Vormund ihrer Kinder, wobei er es ausdrücklich ablehnte, für sie einen Vormund zu bestimmen. Das gesamte Testament, das sich bewußt keiner juristischen Fachsprache bediente, liest sich wie das Hohe Lied von Luthers Liebe zu seiner Gattin.

Die Begründung für sein ungewöhnliches Vorgehen liefert Luther in drei Punkten. Zum ersten, „daß sie mich als ein fromm treulich Gemahl allezeit lieb, wert und schön gehalten" und ihm auch fünf noch lebende Kinder geboren habe. Zweitens traut er ihr am besten eine korrekte Bezahlung seiner Schulden zu. Der Hauptgrund aber ist für Luther, daß Kinder ihren Müttern gehorchen müßten und nicht umgekehrt. Aus dem biblischen Gebot der Kinderliebe kommt Luther hier zu radikalen Umwälzungen des Rechtes seiner Zeit. Auch falls sich Katharina wieder verheiraten sollte, was Luther keineswegs ausschließen will, traut er ihr mehr in der Frage der Wohlfahrt der Kinder als jedem anderen. Dieses bedingungslose, feste und gegen das Recht seiner Zeit festgehaltene Vertrauen dürfte in der Tat nun diese Ehe von allen anderen, die wir in dieser Epoche kennen, unterscheiden.

Dabei bleibt Luther durchaus das Ungewöhnliche seines Vorgehens bewußt. An seine Freunde richtet er den Appell, Katharina vor böser Nachrede in Schutz zu nehmen, sie habe Teile des Vermögens unterschlagen. Schließlich sei öffentlich bekannt, was Luther verdiente und wieviel er ausgegeben habe. „Es verwundert nicht", heißt es, „daß keine Barschaft, sondern daß nicht mehr Schulden da sind." Die möglichen Angriffe auf Katharina sind in seinen Augen nur Rache des Teufels und seiner Anhänger, die sich an den lebenden Luther nicht gewagt hätten und nun seine Ehefrau anfielen.

Die Weigerung Luthers, sich bei der Abfassung seines Testamentes eines Notars und der üblichen juristischen Floskeln zu bedienen, stellten dessen Gültigkeit formalrechtlich in Frage. Jedoch bestätigte es der Kurfürst am 11. April 1546 ausdrücklich und setzte es so in Kraft. Luther selber führte in ihm aus, was er programmatisch schon 1540 in einer Tischrede angedeutet hatte: „Meine Bücher sind vorhanden, die hinterlasse ich meinen Kindern; mögen sie sehen, daß sie nicht klüger seien als ihre Väter. Dich Käthe, setzte ich zur Universalerbin ein. Du hast die Kinder getragen und ihnen die Brust gereicht, Du wirst ihre Sache nicht zu ihrem Nachteil führen. Den Vormunden bin ich feind, sie machen's selten gut."

Martha und Maria

Die Begegnung Jesu mit den beiden Schwestern Martha und Maria, wie sie im Lukasevangelium erzählt wird, prägte das Verständnis der Zeitgenossen Luthers von der Rolle der Frau. Über den hausfraulichen Eifer der Martha hinausgehend, die ihre Aufgabe nur darin sah, die äußerlichen Bedingungen für Jesu Besuch angenehm zu gestalten, erwählte sich Maria den besseren Teil, indem sie still zu Füßen des Meisters saß und seinen Lehren lauschte. Beide Aspekte finden sich im Leben der Katharina verbunden, wenn wir auch über ihre Martha-Rolle besser informiert sind. Allerdings wäre es anachronistisch, eine geistige Partnerschaft mit ihrem Mann zu erwarten. Dazu waren beide Eheleute nach Alter, Herkunft und Bildung zu verschieden. Jedoch fiel den Zeitgenossen auf, daß Katharina für ihre Maßstäbe erheblichen Anteil auch an der geistigen Arbeit Luthers nahm. Zwar bleiben die Nachrichten vereinzelt, aber das energische Dementi Luthers, Katharina habe keinerlei Einfluß auf seine Predigten und Schriften 1544 zeigt gerade, wie sehr seine Freunde und Gegner das Gegenteil vermuteten. Schon am Beginn ihrer Ehe im Herbst 1525 nutzt der Freund Philipp Melanchthons, Joachim Camerarius, Katharinas Beziehung zu Luther, die für ihn erreichen sollte, daß ihr Gatte sich gegen den Angriff des Erasmus „Über den freien Willen" schriftlich zur Wehr setzte. Luther tat dies mit seinem furiosen Traktat „Von unfreiem Willen", den Erasmus mit seinem „Hyperaspistes" 1526 beantwortete. Katharina ließ sich - wohl in Auszügen - den Gegenangriff vorlesen und kommentierte dies mit der Bemerkung: „Ist der teure Mann nicht zur Kröte geworden?" Da Luther nach eigenem Bekunden seine Schrift gegen Erasmus für eines seiner wichtigsten Werke überhaupt hielt, läßt sich für den Anfang der Ehe zumindest eine Teilnahme der Katharina an der wissenschaftlichen Arbeit ihres Mannes feststellen.

Allerdings blieb eine deutliche Distanz vor allem im Beisein anderer immer bestehen. Respektvoll nennt Katharina ihren Mann in der Öffentlichkeit immer „Ihr" oder „Herr Doktor". Luther wiederum verbreitet sich in Briefen und Tischreden über Katharinas Redseligkeit, die sich über jedes Thema ergieße, auch wenn sie zu sinnvollen Aussagen nur im Haushaltsbereich fähig sei. Geschwätzigkeit und Weinerlichkeit

Johann Keuschel nach Lucas Cranach, Katharina von Bora, Schwarzkunstblatt 17./18. Jahrhundert. Das Selbstbewußtsein Katharinas sprengte nicht ihre Anpassung an die üblichen Umgangsformen unter Eheleuten im 16. Jahrhundert.

lassen ihn wünschen, in der nächsten Ehe eine aus Stein gehauene Gattin heimzuführen. Allerdings sollte ausdrücklich unterschieden werden zwischen Sätzen über die Frauen allgemein, - hier bewegt sich Luther durchaus auf dem patriarchalen Niveau seiner Zeit, wenn er auch durchaus ungewöhnlich sexuelle Zoten klar ablehnt -, und Sätzen, die er über seine Frau oder zu ihr sagt.

Die Anwesenheit Katharinas bei den Tischgesprächen, die sonst in einer reinen Männergesellschaft stattfanden, scheint, wenn nicht die Regel, so zumindest doch keine seltene Ausnahme gewesen zu sein. Katharina scheute sich auch nicht, in das Gespräch einzugreifen, etwa, wenn das Essen kalt zu werden drohte. Ob Luther in ihrer Gegenwart dann erläutert hat, daß Männer schmale Hüften und eine breite Brust als Sitz des Verstandes haben, während es bei Frauen umgekehrt sei, bleibt deswegen offen, weil bei den Tischreden immer mit einer redaktionellen Bearbeitung gerechnet werden muß.

Sicherlich versprach Luther ihr 50 Gulden im Herbst 1535, falls sie bis Ostern 1536 die ganze Bibel durchgelesen habe. Katharina ging auf das Angebot ein, das offensichtlich im Zusammenhang mit der Erstausgabe der vollständigen Bibelübersetzung 1534 stand. Ihre Lateinkenntnisse waren begrenzt. Im ersten erhaltenen Brief Luthers an seine Frau vom 4. Oktober 1529 berichtet ihr Mann von den Ergebnissen der Marburger Disputation, wobei er die Argumente seiner Schweizer Gegner lateinisch anführt. Allerdings war der Brief zur Weitergabe an Johannes Bugenhagen bestimmt. Die Anrede „Lieber Herr Käth" verrät bei aller Ironie auch etwas von Luthers Respekt für seine Gattin, die er einmal zusammen mit seinem Famulus Sieberger und seinem Schüler Georg Rörer seine drei Aarons nennt, denen er als einzelner Mose gegenüberstünde.

Auch die Briefe von der Coburg enthalten neben privaten Dingen immer wieder Nachrichten über den Verlauf des Reichstages und die Arbeiten, mit denen Luther gerade beschäftigt ist. Insofern eignet ihnen durchaus ein halboffizieller Charakter. Die besondere Beziehung Luthers zu seiner Gattin zeigt sich in den Quellen deutlicher im Winter 1537, als er in Schmalkalden fast an seinem Steinleiden starb. Luther, der meinte, auf dem Totenbett zu liegen, sagte: „Tröstet meine Käthe! Sie soll den Schmerz ertragen eingedenk dessen, daß sie zwölf Jahre fröhlich mit mir gewesen ist. Sie hat mir gedient nicht nur wie eine Ehefrau, sondern wie eine Magd. Gott vergelt es ihr!" Diese klarsichtigen Aussagen lassen wieder das Martha-und-Maria-Motiv anklingen. Denn der 16 Jahre ältere Luther kränkelte öfter in der Zeit seiner Ehe und bedurfte aufopfernder Pflege. Auch wenn er selber nicht das Bett hütete, gehörte Krankenpflege zu den immer wiederkehrenden Aufgaben Katharinas. 1527 und 1535 wütete die Pest dermaßen in Wittenberg, daß die Universität floh. Luther weigerte sich, sein Haus zu verlassen und nahm zusätzlich Kranke auf. Die eigentliche Arbeit lag auf Katharinas Schultern, wie auch im Sommer und Herbst 1537, als sie die körperlich und seelisch erkrankte Kurfürstin Elisa-

Lucas Cranach, Predella des Stadtkirchenaltars in Wittenberg, Öl auf Holz 1547. Unter Luthers Zuhörern sieht man seine Frau und den ältesten Sohn Johannes. Das Bild verdeutlicht den Abstand Luthers zu seiner Familie, der nicht seiner Person, sondern seinem Auftrag geschuldet ist.

beth von Brandenburg in ihrem Haus pflegte. Luther jedenfalls konnte am 27. Februar 1537 seine Frau, die ihm voller Angst entgegenreiste, beruhigen, daß es ihm besser ginge. „Darum danke Gott und laß die lieben Kinder mit Muhme Lene dem rechten Vater danken; denn ihr hättet diesen Vater gewißlich verloren."

Nicht zufällig findet sich hier die Erwähnung der Kinder. Zwar dürfte Luther in der Regel nur wenig Zeit mit ihnen wegen seiner Arbeitsüberlastung verbracht haben, aber trotzdem betete er mit ihnen seit 1530 gemeinsam den Katechismus und bezog sie nach 1532 in seine Hausandachten mit ein, wie Lucas Cranach dies auf der Predella des Wittenberger Stadtkirchenaltars darstellt, wo die Gesichter von Katharina und wohl Johannes Luther zu erkennen sind, auch wenn der abgebildete Raum nicht an das Lutherhaus, sondern an die Torgauer Schloßkirche erinnert. Gefeiert wurde ebenfalls im Familienkreis. Für ein Weihnachtsfest dichtete Luther das bekannte Lied „Vom Himmel hoch da komm ich her", das sich gut zu einer szenischen Ausgestaltung eignet. Einen Weihnachtsbaum dagegen gab es im 16. Jahrhundert nicht. Weitere Feiern betrafen Hochzeiten im Schwarzen Kloster. Anläßlich der Heirat seiner Nichte Lene Kaufmann im November 1538 meinte Luther: „Warum sagt man eigentlich Braut und Bräutigam wie man Käse und Brot sagt, bei beidem kommt die Hauptsache als letztes." Ob Katharina das genauso gesehen hat, ist nicht überliefert.

Mit dem Älterwerden der Kinder ergaben sich neue Erziehungsschwierigkeiten. Luther, der überhaupt davon überzeugt war, daß man Jungen härter anfassen müßte als Mädchen, zeigte sich vor allem mit der Entwicklung seines ältesten Sohnes unzufrieden. Offensichtlich war er wenig zum Lernen begabt. Luther sandte ihn im Sommer 1542 zusammen mit Katharinas Neffen Florian von Bora nach Torgau, wo sie unter der Obhut des Torgauer Schulmeisters Marcus Crodel die Musik und Grammatik lernen sollten. Die beiden wurden von dem erst neunjährigen Paul Luther begleitet, dem Florian auf der Reise ein Messer wegnahm und hinterher dreist behauptete, Luther senior habe es ihm geschenkt. Wutschnaubend schrieb der an Crodel, er möge Florian gleich dreimal verhauen, da zum Diebstahl auch noch die Lüge hinzukäme. Schon am 16. September 1542 mußte Johannes jedoch nach Hause zurückkehren, denn seine Schwester Magdalena war tödlich erkrankt.

Ihr Tod traf Luther so stark, daß er drei Jahre später noch bemerkte, er könne sie und ihr Sterben nicht vergessen. Bezeichnenderweise berichten die Quellen über Katharinas Gefühle, außer einem heftigen Weinkrampf, nichts. Als Reaktion auf diesen Verlust stellte sich aber eine verstärkte Besorgtheit um ihre übrigen Kinder ein, so daß sie Johannes zu verstehen gab, er könne jederzeit nach Hause zurückkehren, wenn er sich in Torgau nicht wohlfühle. Dies behagte Luther keineswegs, der Crodel Anweisung gab, im Falle einer ernstlichen Erkrankung Johannes zurückzuschicken, aber nicht, wenn er nur Heimweh habe. Im Sommer 1543 kehrte Johannes endgültig nach Wittenberg zurück.

Daß Luther Katharinas praktischen Sinn hoch achtete, erscheint folgerichtig. Ihre Zuständigkeit auch bei schwierigen Dingen, wie der Geldverwaltung, ist mehrfach bezeugt. Durch ihre Freundschaft mit Justus Jonas und Johannes Bugenhagen scheint sie aber auch in einigen Fällen, die nicht in den eigentlichen Wirtschaftsbereich gehörten, mitentschieden zu haben. Zumindest schreibt ihr Luther am 2. Juli 1540, sie möge zusammen mit Bugenhagen und Georg Major einen passenden Pfarrer für den Grafen von Schwarzburg auswählen. Er setzte dabei auf ihre gute Menschenkenntnis. Die Angelegenheit dürfte nicht einzigartig gewesen sein, da Luthers berufliche Freunde Katharina schätzten und respektierten. Sie wiederum war mit der Frau des Justus Jonas eng befreundet. Nur Katharina Melanchthon wird mit keinem Wort erwähnt. Ihre beste Freundin war und blieb aber Else Agricola, was umso erstaunlicher ist, als Luther deren Gatten zu seinen bittersten Feinden, jedenfalls nach 1537, zählte. Schon 1525 besorgte Katharina ein Dienstmädchen für Else Agricola, die ihr 1527 ein Kleid zum neuen Jahr schicken ließ. 1536 zog Agricola, der bis dahin die Schule in Eisleben geleitet hatte, nach Wittenberg und wohnte mit Frau und neun Kindern für einige Monate im Schwarzen Kloster. Im Sommer 1537 überwarf er sich mit Luther und ging an den kurbrandenburgischen Hof. Vergeblich versuchten Else Agricola und Katharina, den Riß zu kitten. Nach Luthers Auffassung ging es hier um die reine Lehre, die keine Kompromisse zuläßt. Auch als Johann Agricola 1545 nach Wittenberg zurückkehrte, ließ Luther ihn nicht zu sich, empfing aber sicher auf Drängen Katharinas Else und deren Tochter Magdalena. Der Vorgang zeigt die

Grenzen der Toleranz Luthers, innerhalb deren Katharina sich durchaus eigenständig bewegen konnte.

So stand es ihr zu, Luther um die Einführung von Kolleggeldern zu bitten, auch wenn dieser ablehnte. Ähnlich kommentierte sie das Treiben der Wittenberger Studenten, wenn sie bitter meinte: „Gelesen haben sie das Wort Gottes genug, wollte Gott, sie handelten auch danach." Als sich der studentische Lehrer Johann Sachse aus Dietmarschen 1544 bei ihr beklagte, Melanchthon zöge die Süddeutschen vor, während die Norddeutschen benachteiligt würden, stellte sie ihn ohne weiteres deswegen zur Rede, was Melanchthon tief beunruhigt zu haben scheint.

Diese eigenständige Stellung Katharinas verschaffte ihr nicht nur am Hof, sondern auch in Wittenberg Feinde. Schon 1542 befürchtete Luther, daß sich seine Gegner nach seinem Tode an seiner Witwe rächen würden. 1545 hatte Luther von Wittenberg die Nase endgültig voll. „Ich will lieber umherschweifen und das Bettelbrot essen, ehe ich meine armen alten letzten Tage mit dem unordentlichen Wesen zu Wittenberg martern und beunruhigen lasse." Katharina sollte seinen Entschluß, nicht in die Stadt zurückzukehren, Melanchthon und Bugenhagen mitteilen, aber nur den letzteren fragen, ob er nicht auch fortgehen wolle. Luthers Absicht wurde dem Kurfürsten hinterbracht, der sofort seinen Leibarzt Matthäus Ratzeberger hinterhersandte, um Luther zu einer Aussprache zu bewegen, die dann auf dem Torgauer Schloß stattfand. Deswegen konnte Katharina auch Luthers Wunsch nicht folgen, den ganzen Wittenberger Besitz zu verkaufen, um sich endgültig in Zulsdorf niederzulassen.

Notgedrungenerweise mußte Katharina zur Kenntnis nehmen, daß der Tod ihres Mannes ihr nicht nur ein trauriges, sondern auch gefährdetes Witwendasein bescheren dürfte. Sie reagierte darauf mit unverhohlener Angst und Sorge um sein Schicksal. Zwar sind auch die Briefe, die sie ihm auf seiner letzten Reise im Winter 1546 nach Eisleben schrieb, vollständig verloren, dafür existieren aber sechs Schreiben Luthers an sie, so daß zumindest für diesen kurzen Abschnitt die eine Seite der Korrespondenz vollständig vorliegt. Als Grundtenor zieht sich durch alle Briefe der Versuch Luthers, seine Frau zu beruhigen und ihre Sorgen um seine Gesundheit zu beschwichtigen. Aus Halle berichtet er, daß die Reisegesellschaft nicht versucht habe, die Saale, die Hochwasser führte, zu überqueren. Er höre auf ihren Rat

Johann Reifenstein, Martin Luther im letzten Lebensjahr, Federzeichnung 1545 mit Umschrift Philipp Melanchthons. Die künstlerische schwache Darstellung erweist sich als realistischer als die idealisierten Altersbilder Lucas Cranachs. Luther ist ein alter Mann.

und sei bereit, einige Tage zu warten. Eine Woche später beginnt er seinen Brief aus Eisleben so: „Gnade und Friede in Christo und meine alte, arme und, wie Euer Gnaden weiß, unkräftige Liebe zuvor." Luther spielt hier offensichtlich auf seine Altersimpotenz an. Vor Eisleben habe er einen kurzen Ohnmachtsanfall erlitten, fährt Luther fort, Katharina würde wohl meinen, es sei der Juden Schuld. Die Judenfeindschaft des alten Luthers ist ein oft behandeltes Thema. Tatsächlich sprach er sich nach seiner Predigt am 7. Februar 1546 in einer dann auch gedruckten „Vermahnung" für ihre Vertreibung aus Eisleben aus. Unser Brief scheint nahezulegen, daß Katharina seine Gefühle teilte. Luthers Söhne, die ihn auf seiner letzten Reise begleiteten, waren inzwischen vermutlich zur Verwandtschaft nach Mansfeld aufgebrochen.

Einen kurzen Gruß richtete er am 6. Februar 1546 an Katharina, einen Tag später erreicht ihn wieder ein besorgtes Schreiben seiner Gattin, auf das er wie folgt antwortete: „Lies du, liebe Käthe, das Johannesevangelium und den kleinen Katechismus, von dem du einmal gesagt hast: ‚Es ist doch alles in dem Buch von mir gesagt.' Denn du willst sorgen anstelle Deines Gottes, gerade als wäre er nicht allmächtig und könnte zehn Doktor Martinus schaffen, wo der eine alte in der Saale ersoffen wäre oder im Ofenloch oder auf Wolf (Siebergers) Vogelherd. Laß mich zufrieden mit deiner Sorge. Ich habe einen besseren Sorger, als du und alle Engel sind. Der liegt in der Krippe und hängt an den Zitzen einer Jungfrau, obwohl er gleichzeitig zur Rechten Gottes des Allmächtigen Vaters sitzt. Darum sei zufrieden. Amen."

Als Zeugnis der tiefen Glaubensgewißheit Luthers ist dieser Brief gewiß bis heute eindrücklich. Ob er die Ängste Katharinas wirklich beruhigen konnte, sei dahingestellt. Drei Tage später beschäftigten Luther wiederum Katharinas Sorgen. Ein Feuer sei zwar vor seiner Stubentür ausgebrochen, jedoch ohne ihn zu verletzen; ein Stein habe ihn fast auf der Toilette erschlagen, aber er sei ihm ausgewichen. All dies ist das Resultat von Katharinas Ängsten. „Ich sorge, wo du nicht aufhörst zu sorgen, es möchte uns zuletzt die Erde verschlingen und alle vier Elemente verfolgen. Hast Du auf diese Weise den Glauben und den Katechismus gelernt? Bete Du und laß Gott sorgen, dir ist nicht befohlen, für mich oder dich zu sorgen." Gerade der letzte Satz belegt das grundsätzliche Mißverständnis zwischen Luthers theologisch gefaßten Aussagen des Glaubens und Katharinas auf das alltäglich praktisch gerichtete Interesse. Denn in der Tat war es ihr befohlen, für die Kinder und den Haushalt Vorsorge zu tragen.

Zum letzten Male wandte sich Luther am 14. Februar an seine Ehefrau. Im optimistischen Ton deutete er eine baldige Beendigung der Verhandlungen der Mansfelder Grafen untereinander an, so daß einer Rückkehr nach Wittenberg in absehbarer Zeit nichts mehr im Wege stünde. Dazu schickte er seiner Gattin Forellen, die er als Geschenk von der Gräfin Anna, die mit Albrecht von Mansfeld verheiratet war, bekommen hatte. Als dieser Brief in Wittenberg ankam, am 18. Februar, war sein Schreiber bereits tot.

„Ich kann weder essen noch trinken" (1546-1550)

Obwohl oft befürchtet, traf die Nachricht vom Tode ihres Ehemannes Katharina tief. Nur zu diesem Zeitpunkt überliefert uns ein Brief ihre Gefühle und ihren inneren Zustand. An ihre Schwägerin Christine, die Mutter des Florian, schrieb sie am 25. April 1546: „Daß Ihr ein herzliches Mitleiden mit mir und meinen armen Kindern habt, glaube ich leicht. Denn wer sollte nicht billig betrübt und bekümmert sein wegen eines solchen teuren Mannes, wie es mein lieber Herr gewesen ist, der nicht allein einer Stadt oder nur einem Land, sondern der ganzen Welt viel gedient hat. Deswegen bin ich wahrhaftig so sehr betrübt, daß ich mein großes Herzeleid keinem Menschen sagen kann und ich weiß nicht, wie mir zu Sinn und zu Mut ist. Ich kann weder essen noch trinken. Auch dazu nicht schlafen. Und wenn ich ein Fürstentum oder Kaisertum gehabt hätte, hätte es mir darum nicht so leid getan, falls ich es verloren hätte, als daß nun unser lieber Herr Gott mir und nicht alleine mir, sondern der ganzen Welt diesen lieben und teuren Mann genommen hat. Wenn ich daran denke, so kann ich vor Leid und Weinen (was Gott wohl weiß) weder reden noch schreiben lassen."

Wie schwierig sich im einzelnen auch die Suche nach der Wahrheit über Katharinas Gefühle zu Luther gestalten mag, mit diesem Brief findet sich ein bis heute erschütterndes Zeugnis der innigen Verbundenheit. Zu der Trauer kamen alsbald häusliche Sorgen hinzu, kannte das 16. Jahrhundert doch keine allgemein geregelte Witwenrente.

Als Bugenhagen, Cruciger und Philipp Melanchthon am 19. Februar früh im Schwarzen Kloster die Todesnachricht überbrachten, da war Katharina „hart erschrocken und in großer Betrübnis gewesen." Noch am selben Tag erreichte sie freilich ein ausführlicher Trostbrief des Kurfürsten, der Luther schon vor Jahren zugesagt hatte, sich im Falle seines Todes um die hinterlassene Familie zu kümmern, als wäre es seine eigene. Das gab Katharina Kraft, der Leiche ihres Gatten am 22. Februar auf einem „niederen Wägelchen" zu folgen. Nach ihr kamen ihre Kinder nun im Alter zwischen 20 und 12 Jahren sowie die Hofbeamten und die gesamte Universität. Bugenhagen hielt auf Deutsch die Trauerpredigt und Melanchthon lateinisch eine ehrende Gedenkrede.

Beide erwähnten die Witwe des großen Mannes mit keinem Wort.

Die nächsten Wochen und Monate waren von einem erbittertem Kampf um die Weiterführung von Luthers Haushalt ausgefüllt. Keinesfalls wollte Katharina das Schwarze Kloster verlassen und sich auf einen bescheideneren Witwensitz zurückziehen. Ihr schärfster Gegner wurde der kurfürstliche Kanzler Georg von Brück, der mit allen Mitteln versuchte, die bisherige Lebensführung zu ändern. Zwar hatte Käthe im ersten Schmerz das Studentenwohnheim im Schwarzen Kloster, die sogenannte Burse, aufgelöst, im Sommer 1546 errichtete sie sie aber von neuem, wohl auch, um wirtschaftlich unabhängig zu sein.

Unmittelbar nach Luthers Tod überwies der Kurfürst ihr hundert Gulden als Überbrückungshilfe. 2000 Gulden als Kapital stifteten die Grafen von Mansfeld, deren Aussöhnung Luthers letzte Bestrebung galt. Allerdings stand das Geld erst im Sommer zur Auszahlung bereit. 1000 Gulden Kapital, aus deren Zinsen die Studien von Luthers Kindern bezahlt werden sollten, hatte der Kurfürst schon zu Luthers Lebzeiten gestiftet, jedoch konnte auch diese Summe nicht sogleich in Anspruch genommen werden. Statt, wie gefordert, ihren Haushalt einzuschränken, versuchte ihn Katharina durch den Erwerb des Gutes Wachsdorf, das an die Boos jenseits der Elbe grenzte, noch zu erweitern. Gegen den heftigen Widerstand des Kanzlers legte der Kurfürst schließlich 1500 Gulden zum Kauf von Wachsdorf allerdings für die Kinder fest. Melanchthon, den von Brück für sich gewinnen wollte, meinte resignierend: „Die Frau ließe sich doch nicht raten, sondern ihr Gutdünken und Meinung müsse alleweg vorangehen."

In einem anderen Punkt allerdings setzte sich der Kanzler durch. Trotz Luthers Testament und seiner kurfürstlichen Bestätigung erhielten Katharina und die Kinder getrennte Vormünder. Der Wunsch Luthers, Katharina zum Vormund ihrer eigenen Kinder zu bestellen, erfüllte sich nicht. Nach zähen Verhandlungen gab Katharina klein bei und erhielt ihren Bruder Hans, Luthers Bruder Jakob und den Wittenberger Bürgermeister Reuter zum Vormund. Auch den Leibarzt Matthäus Ratzeberger akzeptierte sie, da er zu ihrer Verwandtschaft gehörte. Melanchthon und Kaspar Cruciger dagegen waren Mitvormünder der Kinder. Von Brücks Rechnung, die Kinder von der Mutter zu trennen, ging nicht auf. Selbst der älteste Sohn Johannes, vor die Wahl gestellt, in die kurfürstliche Kanzlei in Weimar zu treten oder in Wittenberg weiter zu studieren, entschied sich, offenbar unter dem Einfluß Katharinas, für das letztere. Ob dies weise gehandelt war, da Hans nach nunmehr vierjährigem Studium kaum nennenswerte Ergebnisse vorweisen konnte, sollte die Zukunft zeigen. Jedenfalls blieben alle Kinder unter dem Einfluß der Mutter und nicht nur die einzige Tochter, womit sich eine stärkere Selbständigkeit der Katharina bewies. Wachsdorf wurde als rittermäßiges Mannlehen für die Söhne erworben, kam also nicht in das Eigentum der Witwe, auch wenn von Brück mutmaßte, sie wolle dort die Söhne zu „Junkern und Lappen" erziehen.

Die Familie blieb vorerst im Lutherhause beisammen und die wiedererrichtete Burse trug einiges Geld ein. Florian von Bora erhielt mit Katharinas Hilfe ein Stipendium und studierte die Rechte in Wittenberg. Durch Vermittlung Johannes Bugenhagens erhielt Luthers Witwe auch einen Teil in Höhe von 50 Talern eines Ehrensoldes ihres Mannes von Christian III., König von Dänemark.

Die scheinbare Sicherung der Familie und des Haushaltes erwies sich jedoch als trügerisch und von kurzer Dauer, da im Herbst 1546 der Schmalkaldische Krieg ausbrach. Schon lange hatte es im Reich zwischen dem altgläubigen Kaiser und seinen Verbündeten auf der einen Seite und den protestantischen Ständen, die im Schmalkaldischen Bund versammelt waren, gegärt. Nun verbündete sich der zwar evangelische, aber nicht zu den Schmalkaldenern gehörende Moritz von Sachsen mit dem Kaiser. 1521 geboren, trat er 1541 die Nachfolge seines Vaters Heinrich im albertinischen Sachsen an. 1553 fiel er im Gefecht von Sievershausen. Seine politischen Unternehmungen stürzten Sachsen in einen bis 1555 währenden Kriegszustand, dessen Auswirkungen auch Katharina zu spüren bekommen sollte. Dem Kaiser folgte er, da dieser ihm die Kurwürde und erhebliche Teile der ernestinischen Ländereien zugesagt hatte.

Schon im Spätsommer 1546 waren die Feindseligkeiten ausgebrochen, die sich von Süden nach dem Norden zogen. Ende Oktober verließ Katharina mit ihren Kindern und der beweglichen Habe das Lutherhaus und floh über Dessau nach Magdeburg. Die Gründe für diesen Schritt bleiben unklar. Möglicherweise fand eine Beeinflussung durch Melanchthon statt, der sich selber nach Zerbst rettete, während Johannes Bugenhagen in Wittenberg blieb. Die Aufsicht im Schwarzen Kloster führte Luthers Assistent, Wolf Sieberger. Wo Katharina in Magdeburg wohnte, ist nicht zu ermitteln. Am 9. Februar 1547 dankte sie von dort aus dem Dänenkönig Christian III. für die versprochenen 50 Taler und bat für den gleichfalls geflohenen Wittenberger Professor Johann Major, der zehn Kinder hatte, ebenfalls um eine Spende.

Währenddessen hatte die Armee Herzog Moritz's, in der gefürchtete Fremdvölker dienten, am 9. November 1546 Zwickau eingenommen und zog nordwärts. Eine Woche später verbrannten die Wittenberger ihre Vorstädte und vernichteten die darin gelegenen Gärten, einerseits, um freies Schußfeld zu erlangen, andererseits, um den feindlichen Plünderern zuvorzukommen. Dadurch erlitt auch Katharina erhebliche Verluste. Am 18. November stand Moritz vor der Stadt, ohne sie einnehmen zu können. Seine wenig disziplinierten Söldner hielten sich an der Wittenberger Umgebung schadlos. Obwohl bestimmte Nachrichten fehlen, wird man annehmen dürfen, daß nach dem Verlust der Stadtgärten nun auch die Boos und Wachsdorf zugrunde gingen. Beide Güter waren wegen ihres reichen Wieswachses vornehmlich zur Viehhaltung bestimmt. Viehverlust aber blieb viel schwerer zu ersetzen als eine verbrannte Getreideernte, die, falls es Saatkorn gab, schon im nächsten Jahr wieder eingefahren werden konnte. Erschwerend hinzu trat, daß Katharina die Kosten für das Exil mit Bargeld und den Silberbechern bestreiten mußte. Als sie sich kurz vor Ostern 1547 zur Rückkehr nach Wittenberg entschloß, war die nächste Katastrophe schon vorprogrammiert.

Am Karsamstag, dem 24. April 1547, kam es zur Schlacht zwischen den kaiserlichen Truppen und Johann Friedrich unweit von Wittenberg in der Lochau. Der verwundete Kurfürst wurde überrumpelt und gefangengenommen und mußte nach einer Hinrichtungsdrohung die zweitstärkste Festung seines Landes ohne einen Schuß übergeben. Am 23. Mai zog der siegreiche Kaiser Karl V. in Wittenberg ein. Zu dieser Zeit aber hatte Katharina zum zweiten Male fluchtartig Wittenberg, abermals von ihren Kindern begleitet, verlassen. Aus Karls Armee, vor allem von seinen gefürchteten Spaniern, waren Todesdrohungen gegen alle Anhänger Luthers bekanntgeworden. Einige evangelische Dorfpfarrer hatten die Soldaten in ihren eigenen Kirchen aufgehängt. In Wittenberg, so ging die Sage, wollte man sogar den Leichnam des Erzketzers ausgraben und öffentlich verbrennen. Jedoch gelang es dem kurfürstlichen Kommandanten bei der Übergabe der Stadt zu verhindern, daß ausländische Truppen überhaupt eingelassen wurden. Karl besuchte Wittenberg nur mit kleinem Gefolge und niemandem wurde ein Haar gekrümmt, wenn auch die Truppen in der Umgebung übel hausten. Was im ersten Ansturm unter Moritz nicht vernichtet worden war, ging nun in Rauch auf.

Katharina schien bei ihrer zweiten Flucht Magdeburg nicht sicher genug. Zusammen mit Melanchthon und Georg Major zog sie über Helmstedt nach Braunschweig. Dort kam sie eine zeitlang mit ihren Kindern in einem nun evangelischen Kloster unter. Ein Versuch, endgültig in Dänemark bei Christian III. Schutz zu finden, mißlang. Schon bei Gifhorn im Herzogtum Lüneburg verhinderten Soldaten eine Weiterreise. So kehrte Katharina Ende Juli nach Wittenberg zurück, da der Krieg mit der Huldigung Wittenbergs an Herzog Moritz als neuem Kurfürsten am 6. Juni ein vorläufiges Ende genommen hatte. Nach eigenen Angaben beliefen sich die Kosten der Flucht Katharinas auf 600 Gulden, die sie durch die Beleihung von Luthers silbernen Bechern aufbrachte. Wirtschaftlich gesehen war sie am Ende, da auch Zulsdorf unter den marschierenden Truppen aller Parteien schwer gelitten hatte, ohne daß ein Verantwortlicher vor Ort nach dem rechten sehen konnte. In diesem Zusammenhang gehört wohl auch die Nachricht über einen Prozeß, den Katharina von 1548 bis 1550 gegen einen Nachbarn in Zulsdorf vor dem Leipziger Amtmann führen mußte. Sie bat Melanchthon um Vermittlung, der ihr freilich auch nicht helfen konnte.

Entscheidender war, daß Katharina mit dem Wechsel der

Martin Luther und seine Frau, Kupferstich, 17. Jahrhundert. Die feierlichen Darstellungen der Nachwelt stehen in merkwürdigem Kontrast zur historischen Wirklichkeit nach Luthers Tod.

Kurwürde ihren mächtigsten Gönner verlor. Den entmachteten Johann Friedrich, der sich ausdrücklich als Schüler und Freund Martin Luthers bezeichnete, kannte sie zweifellos persönlich. In schwierigen Fällen hatte er mehrfach zu ihren Gunsten eingegriffen. Ihm verdankte sie die verhältnismäßig großzügige Regelung des Nachlasses nach Luthers Tod. Der neue Kurfürst Moritz dagegen war ihr völlig unbekannt. Ein Brief der Katharina an ihn vom 16. September 1548 blieb dann auch ohne jede Antwort.

Als hilfreicher erwiesen sich zwei andere Fürsten, der schon genannte König von Dänemark, der ihr auch weiterhin 50 Taler pro Jahr als Unterstützung zahlte. Drei Briefe Katharinas an ihn, jedoch kein eigenhändiger, sind noch in dieser Angelegenheit erhalten. In ihnen bittet und beschwört „D. Martin Luthers nachgelassene Wittfrau, die königliche Majestät den armen Witwen und Waisen eine Wohltat zu erzeigen." Der andere fürstliche Gönner war Herzog Albrecht von Preußen. Auf Anraten Luthers hatte der letzte Hochmeister des deutschen Ordens seine Gebiete in ein weltliches Fürstentum umgewandelt. In Königsberg errichtete er nach Wittenberger Vorbild eine protestantische Universität, der 1549 Melanchthons Schwiegersohn, der bedeutende lateinische Poet Georg Sabinus, als Rektor vorstand. Dieser vermittelte die Beziehungen zum Schwarzen Kloster, so daß Hans Luther auf herzogliches Geheiß am 29. Mai 1549 zum Studium dorthin abreisen konnte. Katharina versah ihn mit einem Empfehlungsbrief, in dem sie für die Studienmöglichkeit dankte und gleichzeitig um Nachsicht bat, sollte ihr Sohn den Anforderungen des Studiums so wie denen der guten Sitten nicht genügen, da dies auf seine „Unwissenheit und erste Ausfahrt" zurückzuführen sei. Die zweimal verwendete Formulierung berührt merkwürdig, da Johannes immerhin 1542 die Torgauer Schule besucht und seine Mutter bei den Reisen nach Magdeburg und Braunschweig auf der Flucht begleitet hatte. Auch Melanchthon und Justus Jonas legten lobende Empfehlungen bei, die aber bezeichnenderweise nichts über seinen Fleiß und seine intellektuellen Fähigkeiten aussagten. Entlarvend dürfte die Formulierung von Jonas, Johannes sei „liebenswert schon durch seinen Vater", sein. Offensichtlich gab der nun 23jährige nicht zu allzuviel Hoffnung Anlaß, zumal er immer noch keine Studienabschlüsse vorzuweisen vermochte. Die Weigerung Katharinas, ihn bis zu diesem Zeitpunkt aus ihrer Obhut zu entlassen, scheint nicht von Vorteil für ihn gewesen zu sein. Allerdings verbietet sich ein zu hartes Urteil von selbst; Söhne großer Väter, erstgeborene zumal, haben es schwer im Leben. Der 1525 geborene Philipp Melanchthon junior brachte es gerade zum Notarius der Universität, einem Ehrentitel, der vor allem mit einer schönen Handschrift verbunden war. Justus Jonas der jüngere schließlich endete sein Leben 1567 unter dem Beil des Scharfrichters in Stralsund, da er sich in die Grumbachschen Händel verwickeln hatte lassen.

Katharina gelang es vorerst mit bescheidenen Mitteln, sich in Wittenberg wieder einzurichten. 1548 wurde das Schwarze Kloster umfassend renoviert, in dessen Aula die Vorlesung eines Magisters Bartholomäus Lasan über Herodot zumindest 1551 nachzuweisen ist. Auch die Burse florierte wieder, da der neue Kurfürst wider Erwarten die Wittenberger Universität förderte. Deren Hauptattraktionen blieben die Vorlesungen Philipp Melanchthons. Nachdem Bitten um erneute Zuwendungen bei Christian III. vorerst erfolglos waren, konnte Katharina 1550 sogar das Gut Zulsdorf mit 400 Gulden beleihen, was belegt, daß hier die Zerstörungen entweder nicht so vollständig oder schneller behoben waren. Jedoch zeigten sich bei der gerade fünfzig Jahre alten Frau Spuren tiefer Erschöpfung.

Die trüben Jahre - Tod in Torgau (1551-1552)

Am 23. April 1551 schrieb Katharina, wahrscheinlich im Einvernehmen mit ihrem Sohn Johannes, an ihren neuen Gönner, den Herzog Albrecht von Preußen, und erbat von ihm eine weitere Förderung ihres Sohnes. Er möge ihn doch mit Reisegeld versorgen, um sie in Wittenberg zu besuchen, denn sie sei sehr schwach. Anschließend solle der Herzog dem Sohn ein Stipendium für einen Studienaufenthalt in Frankreich oder Italien gewähren. Es ist völlig unklar, ob Katharina über die wirklichen Verhältnisse in Königsberg durch ihren Sohn getäuscht wurde oder ob sie nur einen Vorwand suchte, Johannes wieder in ihr Haus zu bekommen. Der in der Sache deutliche, wenn auch im Ton bemüht freundliche Brief des Herzogs mußte ihr die Augen öffnen. Albrecht schlug ihr Anliegen rundheraus ab, wies auf die mehr als mangelhaften Studienergebnisse des nun 25jährigen hin und vermerkte etwas dunkel, Johannes „habe sich einiger guter Händel (Streitereien) teilhaftig gemacht, deren er wohl müßig gehen konnte." Seine Vormünder hatten in ihrer skeptischen Beurteilung von Johannes' Intelligenz und Fleiß recht gehabt, Katharina befand sich im Unrecht. So blieb nur das Amt eines Schreibers in der herzoglichen Kanzlei, wobei sich der Sohn reichlich Zeit für den Rückweg aus Königsberg ließ. Erst im Juli 1552 zog er nun zusammen mit seinem jüngeren Bruder Martin nach Torgau.

Insofern läßt sich der Behauptung Katharinas in einem Schreiben vom 8. Januar 1552, daß „mir mehr durch Freunde als durch Feinde Schaden zugefügt" wurde, nur begrenzt Glauben schenken. Denn man wird ihren Kritikern wie dem Kanzler von Brück kaum absprechen können, nur das Beste für die Familie gewollt zu haben. Andererseits vermittelt dieser Brief etwas von der Trauer und Resignation Katharinas, für die ohne ihren Mann kein Platz in der Wittenberger Gesellschaft angemessen schien. Hinzu kam, daß die kriegerischen Ereignisse nicht abflauten. Bis zum Februar 1552 ließ der Kurfürst Moritz seine Truppen in Wittenberg einquartieren. In einem überraschenden Handstreich hatte er sich gegen seinen alten Verbündeten, den Kaiser, gewandt und besiegte ihn in einer vernichtenden Schlacht im Mai nahe Innsbruck. Daraufhin mußte der gefangene Johann Fried-

rich freigelassen werden, der allerdings die Kurwürde und
große Teile seiner Länder endgültig an den verhaßten Vetter
verlor. Der Passauer Vertrag vom August besiegelte den
neuen Frieden.

Währenddessen erhob im Frühsommer 1552 wieder einmal
die Pest in Wittenberg ihr Haupt, vielleicht als Erbe der ab-
gezogenen Kriegsvölker. Um ihr auszuweichen, verlegte
man, wie schon so oft, die Universität am 6. Juli diesmal
nach Torgau, wo sie in den Räumen des aufgelösten Fran-
ziskanerklosters ein Unterkommen fand.

Heute ist es schwer auszumachen, welche Infektionskrank-
heit sich unter dem Sammelnamen der „Pestilenz" verbarg.
Als sicher dürfte gelten, daß es sich nicht um die Beulen-
oder Lungenpest handelte, die im 14. Jahrhundert weite
Teile Europas förmlich entvölkerte. Soweit aus den Quellen
zu ersehen ist, fielen den Epidemien nur 3 bis 8 Prozent der
Wittenberger Einwohner zum Opfer. Trotzdem erregten sie
eine geradezu panische Furcht, weshalb Luther 1537 behauptete, die meisten Leute stürben nicht an der Krankheit,
sondern an der Angst vor ihr. Und in einer gewissen Weise
trifft dies auch auf Katharina zu, die, anders als zu Lebzeiten
ihres Gatten, nicht im Schwarzen Kloster ausharrte, sondern
beschloß, im September mit den beiden jüngsten Kindern
dem Beispiel der Universität zu folgen und nach Torgau zu
fliehen, wo sie den Tod finden sollte.

Bewegt haben mochte sie dazu, daß Martin weiter an der
Universität studieren sollte. Außerdem kam es 1551 und
1552 zu katastrophalen Mißernten, 1551 hervorgerufen
durch ein langanhaltendes Hochwasser der Elbe im Frühjahr, das vor allem Wachsdorf und die Boos gefährdete. 1552
wiederum erzeugte der heiße Sommer eine Dürre, die die
Preise für Brotgetreide in die Höhe trieb. Obwohl der Rat
von Torgau bereits am 25. Juli beschlossen hatte, aus Sorge
vor der Ausweitung der Pest keine Fremden mehr in die
Stadt hineinzulassen, muß er mit Katharina eine Ausnahme
gemacht haben, die aber zu der Zeit den Tod schon in sich
trug.

Hart vor der Stadt scheuten nämlich die Pferde ihres Plan-
wagens. Ob sie herunterfiel oder heruntersprang, um den
Wagen wieder in die Gewalt zu bekommen, bleibt unklar.
Sicher ist, daß sie sich bei dem Aufprall verletzte und durch
den Sturz in eine Pfütze auch verkühlte. Von diesem Ver-
kehrsunfall erholte sich Katharina nicht mehr. Sie wurde in

die Stadt gebracht und blieb bettlägerig in einem Haus „in der Gasse, die zur Residenz führt", wahrscheinlich also in der heutigen Katharinenstraße, die damals „Im Sack" hieß. Wer ihr Gastgeber war, wissen wir nicht. Leonhard Koppe, „der selige Räuber", an dem man zuerst denken würde, war bereits am 13. Januar 1552 gestorben. Auch seine Söhne weilten nicht mehr unter den Lebenden. Zumindest fällt auf, daß Katharina nachweislich weder bei einem der alten Freunde Luthers wie dem Richter Anton Unruhe noch bei einem der Wittenberger Universitätsprofessoren Unterschlupf fand. Eine Chronik berichtet später, sie habe bei einer Witwe gewohnt, der sie dann die eingangs erwähnte Silbermedaille und ihren schönen Pelzmantel vermachte.

Auch in Torgau brach die Pest aus und der von Luther zu seinen Lebzeiten prophezeite Türkensturm schien den verängstigten Bewohnern wahr zu werden, drangen doch schlimme Nachrichten über Kämpfe auf dem Balkan zu ihr neu, weswegen die sächsischen Landstände eine Sondersteuer in Höhe von 5 Promille des Vermögens für den Kurfürsten genehmigt hatten, die im Oktober in Torgau gezahlt werden mußte. Diese Ereignisse dürften Katharina, die wahrscheinlich in ihrer Tochter Margarethe eine Pflegerin fand, zusätzliches Leid zugefügt haben.

Andererseits fiel in Katharinas letzte Krankheit die Verlobung ihres jüngsten Sohnes Paul mit der Torgauer Patriziertochter Anna von Warbeck. Ihr Vater Veit stammte aus Schwäbisch Gmünd und hatte es nach Studien in Paris und Wittenberg zum Hofgeistlichen Kurfürst Johanns und zum Prinzenerzieher gebracht. 1527 ließ er sich in Torgau nieder, wo er ein Jahr später in den Stadtrat gewählt wurde, nachdem er eine einheimische Witwe geheiratet hatte. Er starb bereits 1534. Von Anna ist vor allem ihr Streit mit der Torgauer Obrigkeit bekannt. 1550 erhielt sie ein kostbares Kleid aus ausländischem Stoff, daß man Damaschke nannte, mit einer Samtschleppe daran. 1552 erließ der Rat eine der damals üblichen Verordnungen gegen den Kleiderluxus, wonach den Bürgern bei 10 Gulden Strafe das Tragen von Samt und Seide verboten wurde. Anna trug ihr Kleid weiter und der Rat forderte die Strafe ein, worauf sie sich beschwerdeführend an Kurfürst Moritz wandte, da sie das Kleid zum einen bereits vor dem Edikt besessen hätte, zum anderen auf sie als Adlige das Gesetz nicht zuträfe. Letzteres erscheint dreist, da Annas Vater das Bürgerrecht erworben

hatte und der Familienbe-
sitz unter diesem bürgerli-
chen Recht stand. Jedoch
gewährte der Kurfürst
nach Rückfragen beim
Stadtrat ihr eine Ausnah-
megenehmigung, so daß
die verhängte Strafe nicht
wirksam wurde. Offensichtlich, so läßt sich folgern, war
Anna Warbeck eine durchaus selbstbewußte Person. Da sie
außerdem über einigen Besitz verfügte, dürfte sie für Paul
Luther wohl eine gute Partie gewesen sein. Wahrscheinlich
lernten sich die beiden nicht erst in Torgau kennen, denn
eine Halbschwester der Anna, die Tochter ihrer Mutter aus
erster Ehe, heiratete 1550 Philipp Melanchthon den jüngeren, so daß es zu früheren Begegnungen gekommen war.
Dies mag die sonst unverständliche Tatsache erklären, daß
Paul Luther am 5. Februar 1553 Anna von Warbeck heiratete, kaum sechs Wochen nach dem Tode der Mutter.
Mit der Gesundheit Katharinas im Spätherbst 1552 ging es
stetig bergab. Am 17. Dezember konnte sie noch den 18.
Geburtstag ihrer Tochter Margarethe erleben. Am 20. Dezember starb sie. Wer an ihrem Totenbett stand, wissen wir
nicht, obwohl Paul und seine Schwester dazugehört haben
dürften.
Für die letzte Lebenszeit und den Tod Katharinas steht als
Quelle nur ein sogenanntes Universitätsprogramm unter
dem Namen Paul Ebers zur Verfügung, das allerdings Philipp Melanchthon verfaßte und einen zwiespältigen Eindruck hinterläßt. Mit gelehrter Bildung prunkend, begann es
mit einem griechisch gehaltenen Zitat aus der Orestie des

Euripides: „Es gibt kein Unheil, kein Geschick, kein Leid, das Gott verhängt und das die Sprache nennt, nichts schrecklicheres, das nicht der Mensch erlebt." Darauf erfolgt eine lateinische Erörterung des einzigen Trostes, der im Glauben an Jesus Christus liegt. Es mag sein, daß die Sätze: „In der ganzen Zeit ihrer Krankheit hat sie sich mit dem Worte Gottes getröstet und aufgerichtet und sich mit den heißesten Gebeten einen friedvollen Ausgang aus diesem kummervollen Leben gewünscht, oft auch die Kirche und ihre Kinder Gott befohlen und gefleht, daß die reine Lehre, die der Herr durch ihres Mannes Stimme diesem letzten Zeitalter wiedergegeben habe, unverfälscht auf die Nachkommen vererbt werden möge" Katharinas letzten Tage richtig beschrieben. Allerdings hätte sie sie in dieser Stilisierung nicht lesen können. „Mit ihren verwaisten Kindern mußte die als Witwe schon schwer Belastete unter den größten Gefahren umherirren wie eine Geächtete. Großen Undank hat sie erfahren, und von denen sie wegen der ungeheuren Verdienste ihres Mannes um die Kirche Wohltaten hoffen durfte, ist sie oft schmählich getäuscht worden." Letzteres ist sicher korrekt, allerdings wünscht man sich gerade in diesem Zusammenhang einige Zeugnisse, daß die Angehörigen der Universität sich um die Sterbende gekümmert haben. Immerhin wurde ihr Tod zum Anlaß einer großen Veranstaltung der Universität, die am 21. Dezember 1552 im geschlossenen Zuge dem Sarg nachmittags um 3 Uhr folgten. Ihre letzte Ruhestätte fand Katharina in der Torgauer Stadtkirche, worin vielleicht doch eine ausdrückliche Ehrung durch die Stadt zu erblicken ist, da an diesem Ort 1552 kein weiteres Begräbnis vorgenommen wurde. In dieser Kirche bestattete man sonst nur Angehörige des Hofes, wie die Mutter des Kurfürsten Johann Friedrich, die 1503 gestorbene Herzogin Sophie oder einen Sohn des Herzogs Albrecht. Die Söhne Luthers spendeten für diese Ehrung drei Gulden an den gemeinen Kasten.

Der heute noch vorhandene Grabstein mit dem eindrücklichen Bildnis der Katharina muß bald nach ihrem Tod, wahrscheinlich ebenfalls durch die Kinder, aufgestellt worden sein. Der Urheber des Steines ist unbekannt, zu denken wäre an die Torgauer Bildhauer Simon Schröter oder Stephan Nauhoffer, die vor allem für die Residenz und die Schloßkapelle gearbeitet haben. Der etwa zwei Meter lange und ein Meter breite Sandstein, dessen Standort in der

Marienkirche mehrfach verändert wurde, zeigt Katharina in Wintertracht mit Haube und weitem Mantel. Zwar mögen die Proportionen zwischen Ober- und Unterkörper unglücklich verschoben sein, das Porträt jedenfalls gehört wohl zum naturalistischsten, was uns über das Aussehen der Katharina überliefert ist, auch wenn der Stein 1617 durch Wolf Mönch restauriert und Daniel Fritzsche neu gefaßt wurde. Unverändert blieb die Umschrift: „Anno 1552, dem 20. December ist in Gott selig entschlaffen allhier zu Torgau Herrn D. Martini Luthers seligen Hinterlassene wittbe Katharina". In welchem Zusammenhang mit dem Grabstein das noch heute erhaltene plastische Porträt der Katharina in Kieritzsch steht, ist schwer zu entscheiden. Bei gleichem Kopfputz dürfte eigentlich eine Abhängigkeit des Kieritzscher Bildnisses vom Torgauer zu erwarten sein. Dagegen spricht die deutlich höhere Qualität des Kieritzscher ebenso wie die Tatsache, daß Katharina dort jünger wirkt.

Über die Regelung des Nachlasses finden sich nur unvollständige Informationen. Bei ihrem Tod betrug der Schuldenstand Katharinas etwa eintausend Gulden, die 1553 durch den Verkauf von Zulsdorf für 956 Gulden weitgehend abgedeckt wurden.

Eine Erbteilung unter den Kindern fand erst am 5. April 1554 statt, betraf zu dieser Zeit aber nur den Nachlaß ausschließlich des Lutherhauses, dessen Erdgeschoß Martin junior bezog. Der hatte die Tochter Anna des Wittenberger Bürgermeisters Heiliger geheiratet, die aber bald darauf im Kindbett starb. Seine theologischen Studien führte er nie zu Ende. 1563 bezogen die Herzöge Ludwig Ernst und Barnim von Pommern als junge Studenten die Wittenberger Universität. Als Unterkunft wählte ihr Hauslehrer das Schwarze Kloster, woran er jedoch wenig Freude haben sollte. Zwar kamen die jungen Herzöge mit ihrem Gefolge im ersten Oberstock in Luthers ehemaligen Wohnräumen unter, jedoch hielt sich der Hauswirt nicht an Absprachen und ließ im zweiten Obergeschoß weiterhin Studenten „Franzosen, Pollacken, Schwaben und Franken" zur Miete wohnen, die Tag und Nacht an der Wohnung der Pommern vorbeiliefen und lärmten. Auch waren die herzoglichen Gemächer entgegen der Verabredungen nur kärglich möbliert. Trotz der erheblichen Miete dachte Martin junior gar nicht daran, diesen Zustand zu ändern. Wütend fährt der Hauslehrer in seinem Bericht fort: „Auch ist es mit dem Martinus Sohn, der im Erdgeschoß wohnt, dahin geraten, daß er in großer Armut ist, im Hause nichts hat, weder zu essen oder zu trinken, hält sich auch sonst sehr leichtfertig mit Saufen und hat viel loses Gesindel um sich herum." Dem Faß den Boden schlug Martinus dreiste Erwartung aus, durch die herzoglichen Brüder vollständig verpflegt zu werden. Als man dies ablehnte, bediente er sich mittels doppelter Schlüssel selbst aus den pommerschen Vorräten. Dem bedrängten herzoglichen Hauslehrer blieb nichts anderes übrig, als sich schleunigst

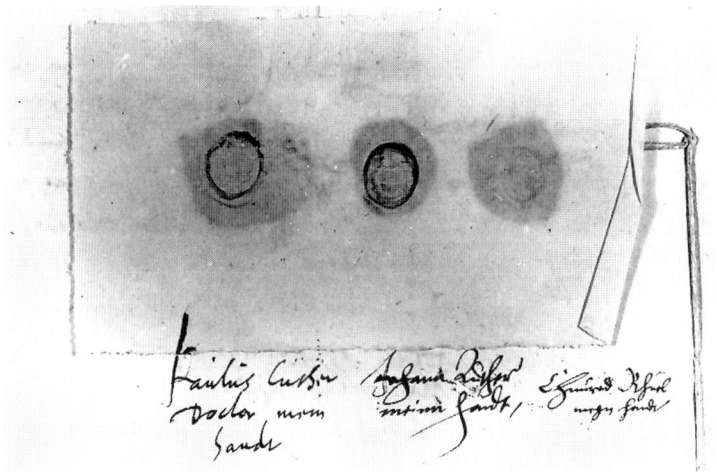

Quittungsurkunde, den Verkauf des Lutherhauses betreffend, mit den Unterschriften von Johannes und Paul Luther und Konrad Rühel, 27. Mai 1564

nach einer anderen Behausung umzusehen, die er im Wohnhaus Caspar Crucigers an der Collegienstraße dann auch fand. Martin hingegen scheint das lockere Leben nicht gut bekommen zu sein; er starb, kaum 34jährig, 1565 in Wittenberg.

Zu diesem Zeitpunkt war das Wohnhaus seines Vaters bereits an die Universität Wittenberg für 3700 Gulden verkauft worden. Unter dem 27. Mai 1564 besiegeln Johannes und Paul Luther sowie Konrad Rühel, wohl für Margarethe, den Vertrag. Allerdings zog sich die vollständige Auszahlung der Kaufsumme noch fast ein Jahrzehnt hin, während Kurfürst August ab 1565 begann, das Lutherhaus umzubauen und die heute noch vorhandenen Vordergebäude zu errichten.

Johannes Luther heiratete 1553 Elisabeth Cruciger, eine Tochter des schon 1548 verstorbenen Wittenberger Professors und Lutherfreundes. 1554 erhielt er den Titel eines herzoglich sächsischen Kanzleirates. Da er ebenso wie sein Freund Justus Jonas d. J. in die Grumbachschen Händel verwickelt war, einer Intrige, durch die die ernestinischen Sachsen, allerdings ohne Erfolg, die Kurwürde wiederzuerlangen suchten, mußte er 1566 Jena fluchtartig verlassen. Bei seinem alten Gönner Herzog Albrecht von Preußen fand er Aufnahme und starb am 27. Okober 1575 in Königsberg. In der Pfarrkirche der Altstadt wurde er begraben. Noch um 1900 zeigte man in Königsberg einen seinem Andenken gewidmeten Porphyrblock.

Eine nennenswerte Karriere machte nur Luthers jüngster Sohn Paul. Mit 23 Jahren promovierte er 1557 zum Doktor der Medizin in Wittenberg und lehrte später in Jena. Schnell rückte er zum Leibarzt Herzogs Johann Friedrich auf, den er erst 1567 nach dessen Gefangennahme in den erwähnten Grumbachschen Händeln verließ. Bis 1571 diente er in derselben Funktion dem brandenburgischen Kurfürsten Joachim II. Nach dessen Tod wurde er an den Hof in Dresden berufen als Leibarzt von Kurfürst August. Als Belohnung für seine Dienste verlieh ihm der Landesherr am 30. Januar 1573 die Anwartschaft auf ein Lehensgut, bestehend aus Haus und Weinberg, in Dohna, das zu dieser Zeit noch Pauls Onkel von der mütterlichen Seite, Clemens von Bora, inne hatte. Sollte dieser ohne Erben sterben und auch Hans von Bora keine erbberechtigten Kinder hinterlassen, würde das Lehen auf Paul Luther übergehen. Ob es allerdings dazu je kam, ist unbekannt. Aus dem Vorgang läßt sich jedoch

Georg Paul Busch, Margarethe von Kunheim, geb. Luther, Kupferstich, 18. Jahrhundert, nach dem wohl verlorenen Original Lucas Cranach d. J., zuletzt in Königsberg. Margarethe ist die Stammutter aller noch heute lebenden Nachfahren Martin Luthers.

schließen, daß Kurfürst August die adligen Ansprüche seines Leibarztes in gewisser Weise anerkannte.

Da dessen Nachfolger Christian I. verdeckt kalvinistisch gesinnt war, siedelte Paul 1590 nach Leipzig über, wo er 1593 starb. Mit seiner Frau Anna hatte er sechs Kinder, der älteste Sohn hieß Johann Ernst, wie Pauls herzoglicher Patenonkel. Mit dem Urenkel Martin Gottlob Luther, geboren am 5. Juli 1607, gestorben als Jurist in Dresden am 3. November 1659, erlosch die Familie Luthers im Mannesstamm.

Margarethe, die einzig überlebende Tochter der Katharina, kehrte nach dem Tode der Mutter nach Wittenberg zurück. Hier hatte sie schon 1550 den 1532 geborenen Georg von Kuhnheim, Erbherren auf Knauthen in Ostpreußen kennengelernt, der an der Universität studierte und im Hause Philipp Melanchthons wohnte. Von Kuhnheim war Vollwaise, da seine Mutter schon 1537 verstarb, während sein gleichnamiger Vater, ein glühender Lutheraner, 1543 das Zeitliche segnete, nachdem ihn der Thorner Arzt und Astronom Nikolaus Copernicus vergeblich behandelt hatte. Die Vormundschaft übernahm Herzog Albrecht von Preußen persönlich. Vor seiner Wittenberger Studienzeit hörte der junge Georg an der neugegründeten Königsberger Universität bei dem berühmten Stanislaus Rapagelan, der ein Jahr vor seinem Tode eine Tochter des Basilius Axt und der Ave von Schönfeld, die 1523 zusammen mit Katharina von Bora aus dem Kloster Marienthron zu Nimbschen geflohen war, geheiratet hatte. Obwohl noch minderjährig, verlobte er sich bei einem zweiten Wittenbergaufenthalt 1554 sehr zum Unwillen seiner Vormünder mit Margarethe. Es bedurfte der Fürsprache

Philipp Melanchthons, der sich im Dezember 1554 und wieder im April 1555 brieflich an den Hof in Königsberg wandte, damit das junge Paar am 5. August 1555 endlich heiraten konnte. Zwei Jahre blieben die Eheleute noch in Wittenberg, wo auch die erste Tochter, ebenfalls Margarethe benannt, 1556 zur Welt kam. Allerdings verstarb sie noch im selben Jahr. Seit 1557 diente Georg von Kuhnheim dem preußischen Herzog als Landrat und Landesrichter in Bartenstein. Die Ehe mit Luthers „Maruschel" galt als glücklich, auch wenn sie nur 15 Jahre dauerte. Neun Kinder wurden geboren, von denen jedoch nur drei das erste Jahr überlebten. Eine weitere Tochter, Margarethe, erblickte 1559 das Licht der Welt und starb 1592. Ihre Nachkommen leben bis heute. 1564 wurde ein Sohn namens Volmar geboren und später eine Tochter namens Anna.

Heim der Familie bildete das Gut Mühlhausen, etwa 25 Kilometer von Königsberg entfernt. Im Gutshaus hing das Porträt der Margarethe von der Hand des jüngeren Cranach. In der Dorfkirche fand die Hausherrin 1570 ihre letzte Ruhestätte. Diese Kirche war übrigens durch einen Ablaßbrief Papst Innocenz VIII. 1492 neu erbaut und Ziel vieler Wallfahrten geworden. Die Erinnerung daran erhielt sich über Jahrhunderte, so daß der Königsberger Polizeipräsident und Satiriker Theodor Gottlieb von Hippel (1741-1796) am Ende des 18. Jahrhunderts schreiben konnte: „Wir reisen nach Mühlhausen, wo Luthers Tochter schläft. Man zeigt noch ihre Knochen in einem kleinen Sarge; soll gut für Kopfschmerzen sein."

Georg von Kuhnheim vermählte sich 1573 in zweiter Ehe mit Dorothea von Ölßnitz. Aus dieser Ehe stammten vier Töchter und vier Söhne. 1602 verstarb auch seine zweite Gattin, während Luthers Schwiegersohn bis zum 18. Oktober 1611 lebte.

Durch ihren frühen Tod blieb Katharina das Leid ihrer Kinder erspart. Allerdings hatte sie auch keinen Anteil an der Freude über die Karriere Pauls und die vermutlich glückliche Ehe ihrer einzig überlebenden Tochter. Am Schicksal der Kinder läßt sich die umwälzende Veränderung der Reformation innerhalb einer Generation deutlich ablesen. Andererseits besann man sich in späteren Jahren nun doch auf die einzigartige Rolle, die Katharina im Leben Luthers und damit auch im Verlauf der deutschen Reformation gespielt hatte. Zum einhundertsten Jubiläum 1617 ließ der gelehrte

Wittenberger Professor Balthasar Mentzius eine in Knittel-
versen gereimte Grabinschrift der Katharina drucken, die in
ihrer Schlichtheit durchaus angemessen ihren Lebensweg
würdigte.

Cathrin von Bora bin ich genannt / Geboren in dem
                                    Meissner Land
aus einem alten edlen Stamm / wie solch mein Ahnherren
                                    zeigen an,
als ich aufwuchs zu Jahren kam / der Tugend mich tät nehmen an und je-
dermann betöret war / vom Papst und seiner
                                    Mönche Lehr
und hoch erhoben der Nonnen Stand / ward ich ins Kloster
                                    Nimbschen gesandt.
Mein Ehr und Amt hat ich in Acht / rief zu Gott, betete Tag
                                    und Nacht,
für die Wohlfahrt der Christenheit. / Gott mich erhört und
                                    auch erfreut,
Doktor Luther den kühnen Held / mir zu einem Ehemann
                                    auserwählt,
dem ich im keuschen Eh'stand mein / gebahr drei Söhn und
                                    Töchterlein.
Im Wittwenstand lebt sieben Jahr / nachdem mein Herr
                                    gestorben war.
Zu Torgau in der schönen Stadt / man meinen Leib
                                    begraben hat;
bis Gottes Posaunen tun ergehn / und alle Menschen heißt
                                    auferstehn;
alsdann will ich mit meinem Herrn / Gott ewig loben,
                                    rühmen, ehrn
und mit der auserwählten Schar / in Freuden leben immer dar.

Porträtmedaille Katharina von Boras, 1717 von Wermuth

Zeittafel

Lebenslauf der Katharina von Bora	Andere geschichtliche Ereignisse
1483	Geburt Martin Luthers
1485	Teilung Sachsens in die Ernestinische und Albertinische Linie
1492	Entdeckung Amerikas durch Columbus
1497	Geburt Philipp Melanchthons
1499 29. Januar Geburt in Lippendorf	
1505 Aufenthalt im Kloster Brehna	Luther tritt in Erfurt ins Kloster ein
1509 Aufnahme im Kloster Marienthron bei Nimbschen	Geburt Calvins in Noyon
1514 Beginn des Noviziates	Albrecht von Brandenburg wird zum Kurfürsten und Erzbischof gewählt
1515 8. Oktober Weihe zur Nonne	Martin Luther beginnt mit der Römerbriefvorlesung in Wittenberg
1517	31. 10. Mit Luthers 95 Thesen beginnt die Reformation
1523 6./7. April Flucht mit anderen Nonnen über Torgau nach Wittenberg	23. August Tod Ulrich von Huttens auf der Insel Ufenau
1524 Katharina wohnt in Wittenberg möglicherweise im Hause Cranach	Beginn des Bauernaufstandes in Süddeutschland
1525 13. Juni Hochzeit mit Luther im Schwarzen Kloster 27. Juni „Wirtschaft" und öffentliche Hochzeitsfeier	5. Mai Tod des Kurfürsten Friedrich des Weisen 27. Mai Hinrichtung Thomas Müntzers als Führer der aufständischen Bauern
1526 7. Juni Geburt des ersten Sohnes Johannes	Hochzeit Kaiser Karl V. mit Isabella von Portugal Sultan Soliman II. erobert Budapest
1527 10. Dezember Geburt der ersten Tochter Elisabeth	Die Wittenberger Universität flieht vor der Pest nach Jena
1528 Tod Elisabeths	Tod Albrecht Dürers
1529 4. Mai Geburt der zweiten Tochter Magdalene	Protestation der evangelischen Stände auf dem Reichstag zu Speyer
1530	Augsburger Reichstag, Luther befindet sich mehrere Monate auf der Veste Coburg

1531	9. November Geburt von Martin junior	Tod Ulrich Zwinglis in der Schlacht bei Kappel
1532	Formelle Überlassung des Schwarzen Klosters durch den Kurfürsten Einsturz des Kellers	Kurfürst Johann Friedrich kommt nach dem Tode seines Vaters Johann an die Regierung
1533	29. Januar Geburt von Paul Luther	Heirat König Heinrich VIII. von England mit Anna Boleyn
1534	17. Dezember Geburt der letzten Tochter Margarethe	Wiedertäuferherrschaft in Münster
1535	Beginn längerer Umbauten am Schwarzen Kloster	Regierungsantritt des reformationsfreundlichen Kurfürsten Joachim II. in Brandenburg
1536	Luther erhält ein festes Gehalt von 300 Gulden Einrichtung der Lutherstube	Tod des Erasmus von Rotterdam
vor 1539	Katharina erwirbt den Garten an der Zahnaer Straße und versucht, die Boos zu pachten	Einführung der Reformation im Herzogtum Sachsen
1540	Erwerb vom Gut Zulsdorf aus dem Besitz des Hans von Bora Katharina erleidet eine schwere Fehlgeburt	Landgraf Philipp von Hessen schließt ein Doppelehe
1542	Tod der Magdalene Luther	Nikolaus von Amsdorf wird erster evangelischer Bischof von Naumburg
1544	Luther kauft für Katharina den Garten vor dem Elstertor	Reichstag zu Speyer mit Erfolgen für die Protestanten
1546	Flucht Katharinas nach Dessau und Magdeburg	18. Februar Tod Luthers Ausbruch des Schmalkaldischen Krieges
1547	Erneute Flucht nach Magdeburg und Braunschweig	Kaiser Karl V. zieht in Wittenberg ein, Johann Friedrich verliert die Kurwürde
1548	Prozeß vor dem Leipziger Amtmann	Kaspar Cruciger, Luthers Freund, stirbt
1550	Johannes Luther reist zum Herzog Albrecht von Preußen	Papst Julius III. beruft ein Konzil nach Trient ein
1552	20. Dezember Tod in Torgau auf der Flucht vor der Pest in Wittenberg 21. Dezember Beisetzung in der Kirche St. Marien	Moritz besiegt seinen ehemaligen Verbündeten Kaiser Karl V.

Literatur in Auswahl

Back ..., Schreiben König Christians von Dänemark an Dr. Martin Luthers Witwe; den 29. Dez. 1547, in: Mitteilungen der Geschichts- und Altertumsforschenden Gesellschaft des Osterlandes zu Altenburg 1 (1841-4) III, 71.

Agnes Bartscherer, Frau Käthe Luther in Torgau, Eine Festgabe zum 13. Juni 1525, Torgau 1925.

Wilhelm Beste, Die Geschichte Catharina's von Bora. Nach den Quellen bearbeitet, Halle 1843.

Ein Churfürstlicher Lehn Brief, woraus Frau Catharina von Pora, Luthers Ehegenossin, Adel zu erkennen (30. Jan. 1573), in: Fortgesetzte Sammlung von alten und neuen theologischen Sachen 1732, 875-77.

Hans von Feilitzsch, Drei Erinnerungsstätten an Katharina von Bora aus Leipzigs Umgebung, in: Leipziger Jahrbuch 1939, 102-105

B. J. Hermann, Katharina Lutherin, geb. von Bora, Vom Teppich meines Lebens. Eine Lutherchronik, Herford 1983

Friedrich Gottlob Hofmann, Katharina von Bora oder Dr. Martin Luther als Gatte und Vater, Leipzig 1845.

Helmar Junghans, Luther in Wittenberg, in: Leben und Werk Martin Luthers von 1526-1546. Festgabe zu seinem 500. Geburtstag, 2 Bde., Göttingen 1983, 11-38; 723-732.

Anna Katterfeld, Katharina von Bora. Der Morgenstern von Wittenberg. Ein Lebensbild, Lahr-Dinglingen 1952.

Ernst Kroker, Katharina von Bora, Martin Luthers Frau, Berlin 1952.

Ernst Kroker, Luthers Werbung um Katharina von Bora, in: Lutherstudien zur 4. Jahrhundertfeier der Reformation, Weimar 1917 .

Ernst Kroker, Katharina von Bora, ihr Geburtsort und ihre Jugendzeit, in: Neues Archiv für Sächsische Geschichte und Altertumskunde, Bd. XXVI, Heft 3, Dresden 251-273.

F. L. C. Freiherr von Medem, Die Universitätsjahre der Herzoge Ernst Ludwig und Barnim von Pommern, Anklam 1867.

Erwin Mühlhaupt, Sieben kleine Kapitel über die Lebenswege Luthers und Käthes, LUTHER 57 (1986) 1-18.

A. Nietzki, Margarete von Kunheim, Martin Luthers jüngste und einzige ihn überlebende Tochter, ihr Gemahl Georg von Kunheim und deren Nachkommen bis zur Gegenwart, Königsberg i. Pr. 1900

Scripta Publice Proposita a Professoribus in Academia Vuitenbergensi ab anno 1540 usque ad annum 1553, Witebergae: Peter Seitz Erben 1553, BlL-LIV.

J. K. Seidemann, Katharina von Bora 1523, 24. Nürnberger und Wittenberger Persönlichkeiten, ZhTh 44 (1874) 543-574.

Albrecht Thoma, Katharina von Bora, Geschichtliches Lebensbild, Berlin 1990.

Christian Wilhelm Franz Walch, Wahrhaftige Geschichte der seligen Frau Katharina von Bora, D. Martin Luthers Ehegattin, Halle 1752

Herzöge von Sachsen

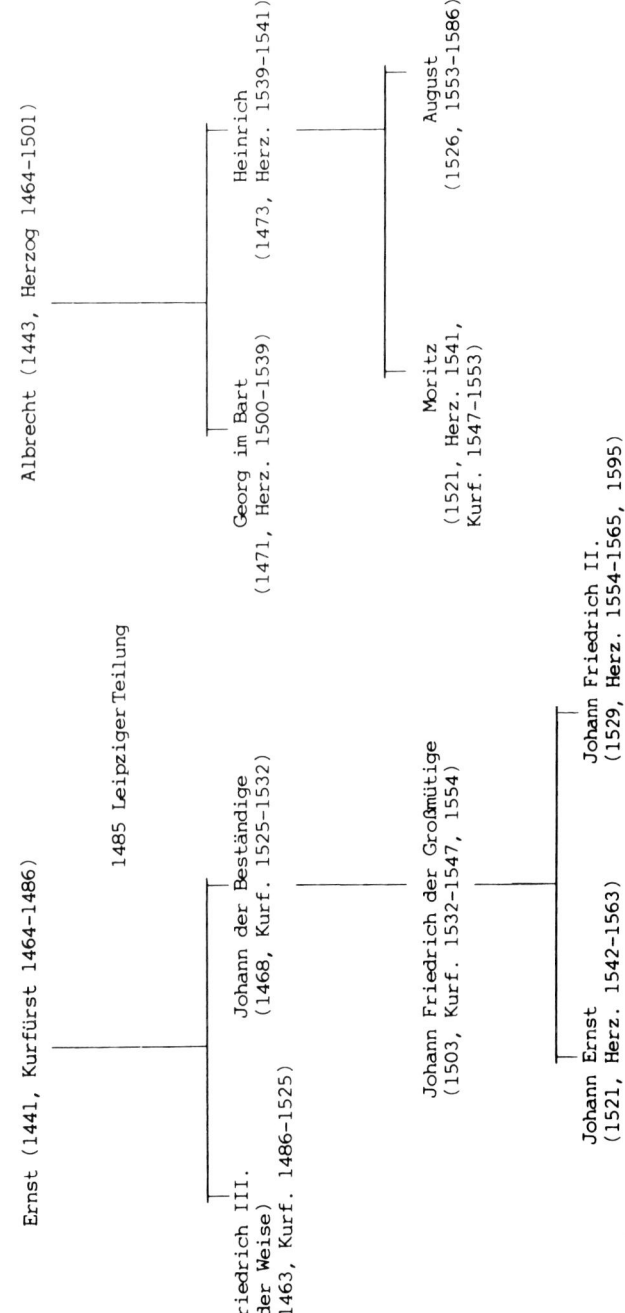

„BIOGRAPHIEN ZUR REFORMATION"

Folgende Titel sind im Buchhandel
erhältlich:

MARTIN LUTHER
REBELL UND REFORMATOR

MARTIN LUTHER
UND TORGAU

LUCAS CRANACH d. Ä.
IN WITTENBERG

PHILIPP MELANCHTHON

Weitere Titel sind vorgesehen.

LUTHERS LEBEN IN BILDERN

Die 32 Seiten umfassende Broschüre zeigt den Reformator aus der Sicht von
4 Künstlern des 19. Jahrhunderts. Jutta Strehle, Kunsthistorikerin (Lutherhalle Wittenberg) berichtet über die Meister und ihre Werke – im Hintergrund
die geschichtlichen Ereignisse um den Reformator.
Die Broschüre ist auch in englischer Sprache erhältlich.

DREI KASTANIEN VERLAG
Literatur aus der Lutherstadt Wittenberg

Breitscheidstraße 17
06886 Lutherstadt Wittenberg
(0 34 91) 41 02 42